Soudain, les ténèbres

A Drastic Turn of Destiny by Fred Mann
Album of My Life by Ann Szedlecki
As the Lilacs Bloomed by Anna Molnár Hegedűs
Bits and Pieces by Henia Reinhartz
E/96: Fate Undecided by Paul-Henri Rips
Fleeing from the Hunter by Marian Domanski
From Generation to Generation by Agnes Tomasov
Gatehouse to Hell by Felix Opatowski
Getting Out Alive by Tommy Dick
If Home Is Not Here by Max Bornstein
If Only It Were Fiction by Elsa Thon
If, By Miracle by Michael Kutz
In Hiding by Marguerite Élias Quddus
Joy Runs Deeper by Bronia and Joseph Beker
Knocking on Every Door by Anka Voticky
Little Girl Lost by Betty Rich
Memories of the Abyss by William Tannenzapf/
    But I had a Happy Childhood by Renate Krakauer
Spring's End by John Freund
Suddenly the Shadow Fell by Leslie Meisels with Eva Meisels
Survival Kit by Zuzana Sermer
Tenuous Threads by Judy Abrams/ *One of the Lucky Ones*
    by Eva Felsenburg Marx
The Hidden Package by Claire Baum
The Shadows Behind Me by Willie Sterner
The Violin by Rachel Shtibel/
    A Child's Testimony by Adam Shtibel
Traces of What Was by Steve Rotschild
Under the Yellow and Red Stars by Alex Levin
Vanished Boyhood by George Stern
W Hour by Arthur Ney
We Sang in Hushed Voices by Helena Jockel

Soudain, les ténèbres

Leslie Meisels

AVEC UN BREF RÉCIT AUTOBIOGRAPHIQUE DE SA FEMME,
EVA MEISELS

TRADUIT DE L'ANGLAIS (CANADA)
PAR LISE VIENS

La Fondation Azrieli : www.azrielifoundation.org

Couverture et conception graphique de Mark Goldstein
Cartes de 2ᵉ et 3ᵉ de couverture de Sir Martin Gilbert
Carte page xxxi de François Blanc

CATALOGAGE AVANT PUBLICATION DE BIBLIOTHÈQUE ET ARCHIVES CANADA

Meisels, Leslie, 1927–
[Suddenly the shadow fell. Français] Soudain, les ténèbres / Leslie Meisels ; avec un bref récit autobiographique de sa femme, Eva Meisels ; traduit de l'anglais (Canada) par Lise Viens – Première édition.

(La Collection Azrieli des mémoires de survivants de l'Holocauste. Septième série).
Traduction de : Suddenly the shadow fell.
Comprend des références bibliographiques et un index.
ISBN 978-1-897470-59-6 (couverture souple)

1. Meisels, Leslie, 1927–. 2. Meisels, Leslie, 1927–, Famille. 3. Holocauste, Juifs 1939–1945- Hongrie – Récits personnels. 4. Ghettos juifs – Hongrie – Nádudvar – Histoire – 20ᵉ siècle. 5. Guerre mondiale, 1939–1945 – Travail obligatoire – Autriche. 6. Bergen-Belsen (Camp de concentration). 7. Survivants de l'Holocauste – Canada – Biographies. I. Fondation Azrieli, organisme de publication. II. Titre. III. Titre : Suddenly the shadow fell. Français. IV. Collection : Collection Azrieli des mémoires de survivants de l'Holocauste. Septième série.

DS135.H93M4514 2015   940.53'18092   C2015-904599-1

MIXTE
Papier issu de sources responsables
FSC   FSC® C004191
www.fsc.org

IMPRIMÉ AU CANADA

La Collection Azrieli des mémoires de survivants de l'Holocauste

Naomi Azrieli, Éditrice

Jody Spiegel, Directrice du Programme
Arielle Berger, Directrice de la Collection
Farla Klaiman, Relecture et Recherche
Élizabeth Lasserre, Directrice de la Collection française

Elin Beaumont, Coordinatrice en chef – Programmes pédagogiques,
   Diffusion et événements
Catherine Person, Coordinatrice – Programmes pédagogiques,
   Diffusion et événements (Québec)
Marc-Olivier Cloutier, Assistant – Programmes pédagogiques,
   Diffusion et événements

Tim MacKay, Responsable de la plate-forme numérique
Elizabeth Banks, Conservatrice – Patrimoine numérique et Archives

Susan Roitman, Chef de bureau
Mary Mellas, Assistante à la direction et Ressources humaines

Mark Goldstein, Directeur artistique
François Blanc, Cartographe
Bruno Paradis, Mise en page de la collection française

Sommaire

La collection :
Tel qu'ils l'ont écrit...

En racontant leur histoire, les auteurs ont pu se libérer. Pendant de longues années, nous n'en avons pas parlé, même une fois devenus citoyens de sociétés libres. Aujourd'hui, alors qu'enfin nous écrivons sur les expériences qui furent les nôtres durant cette période sombre de l'Histoire, conscients que nos récits seront lus et qu'ils nous survivront, il nous est possible de nous sentir complètement libérés. Ces documents historiques uniques aident à donner un visage aux disparus et permettent au lecteur de mesurer, récit après récit, l'énormité de ce qui est arrivé à six millions de Juifs.

David J. Azrieli, C.M., C.Q., M.Arch
Survivant de l'Holocauste et fondateur de la Fondation Azrieli

Depuis la fin de la Deuxième Guerre mondiale, plus de 30 000 Juifs rescapés de l'Holocauste sont venus s'installer au Canada. Leurs origines, les expériences qu'ils ont vécues, les nouvelles vies qu'ils ont bâties et les familles qu'ils ont fondées font partie intégrante du patrimoine canadien. Le Programme des mémoires de survivants de l'Holocauste a été créé pour rassembler, archiver et publier les témoignages historiques écrits par les déportés juifs établis au Canada. Le programme est animé par la conviction que chaque survivant porte une histoire remarquable à transmettre et que ces récits peuvent contribuer dans une vaste mesure à l'enseignement de la tolérance et du respect de l'autre.

Des millions d'histoires individuelles sont perdues à jamais. En publiant les récits des survivants au sein de la Collection Azrieli des mémoires de survivants de l'Holocauste, le programme s'engage à préserver de l'oubli ceux qui ont péri sous les assauts d'une haine encouragée par l'indifférence et l'apathie générale. Les témoignages personnels de ceux qui ont survécu dans les circonstances les plus improbables sont aussi différents que ceux qui les ont écrits, mais tous démontrent la somme de courage, d'endurance, d'intuition et de chance qu'il a fallu pour faire face et survivre à cette terrible adversité. Ces mémoires rendent aussi hommage aux personnes, amies ou inconnues, qui ont tendu la main au péril de leur vie et qui, par leur bienveillance et leur dignité dans les moments les plus sombres, ont souvent permis aux personnes persécutées de conserver leur foi en la nature humaine et leur courage de lutter. Les témoignages des déportés et leur volonté de transmettre ce qui s'est passé aux jeunes générations suscitent l'admiration et servent de leçon.

Le Programme des mémoires de survivants de l'Holocauste rassemble ces témoignages importants et les rend accessibles gratuitement sous format imprimé aux organisations œuvrant pour la mémoire de l'Holocauste et aux participants des conférences organisées par la Fondation Azrieli.

La Fondation Azrieli tient à marquer sa reconnaissance aux personnes suivantes, pour leurs contributions précieuses à la réalisation de cette collection : Sherry Dodson (Maracle Press), Sir Martin Gilbert, Farla Klaiman, Florence Buathier, ainsi que Margie Wolfe et Emma Rodgers de Second Story Press.

À propos du glossaire

Dans les présents mémoires se trouvent un certain nombre de termes, de concepts et de références historiques qui peuvent ne pas être connus du lecteur. Pour plus d'informations sur les principales institutions, les événements et les personnages historiques importants, les références géographiques, les termes religieux et culturels, les termes et les expressions empruntés à des langues étrangères qui permettront d'éclairer et de contextualiser les événements décrits dans le texte, veuillez vous reporter au glossaire qui commence à la page 105.

Introduction

La catastrophe de la Seconde Guerre mondiale a frappé la communauté juive de Hongrie tardivement. Sa rapidité et sa férocité ont néanmoins été sans précédent, tout comme le refus, chez les Juifs pris au piège, d'envisager son inéluctabilité.

Dans l'Europe du XXe siècle, c'est en 1923, en Hongrie, qu'a été adoptée la première loi antijuive. Cependant, les Juifs hongrois étant relativement bien intégrés dans la société de leur pays depuis le milieu du XIXe siècle, la plupart d'entre eux ne se sont pas sentis menacés outre mesure par ce décret. Celui-ci affectait le nombre d'étudiants juifs dans les universités en le limitant à 6 %, soit le pourcentage de Juifs présents dans la population dans son ensemble. Bien qu'adoucie huit ans plus tard, cette loi n'en présageait pas moins la catastrophe à venir.

À l'issue de la Première Guerre mondiale, la configuration de la Hongrie a été modifiée de façon radicale. En vertu du traité de Trianon, signé dans la foulée du traité de Versailles qui avait mis fin à la guerre, la Hongrie a en effet perdu les deux tiers de son territoire et les trois cinquièmes de sa population. D'un trait de plume, la Transylvanie a été intégrée à la Roumanie, la Haute-Hongrie à la Tchécoslovaquie, et la Bačka à la Yougoslavie[1]. Il ne fait pas de doute

---

1 Pour plus de détails au sujet du traité de Trianon, consulter Margaret MacMillan. *Paris 1919 : Six Months That Changed the World.* New York : Random House, 2003.

que c'est la Hongrie qui a le plus souffert des décisions prises par les puissances alliées victorieuses. Cette amputation du territoire a hanté les Hongrois durant tout le reste du XXe siècle, voire encore aujourd'hui.

Tout au long des années 1930, la Hongrie a entretenu des liens étroits avec l'Allemagne, les deux pays partageant la même colère et la même rancœur à l'égard du sort qu'ils avaient subi après la guerre. En janvier 1933, Adolf Hitler – le chef du Parti national-socialiste (ou parti nazi) – est devenu chancelier d'Allemagne et les nazis ont créé la *Geheime Staatspolizei* (Gestapo), une police d'État dotée du pouvoir d'arrêter, d'interroger et d'emprisonner de façon arbitraire. Les attaques violentes contre les Juifs sont devenues la norme plutôt que l'exception. Au fur et à mesure que l'antisémitisme s'intensifiait en Allemagne et qu'il se répandait ailleurs en Europe, les Juifs ont commencé à chercher des asiles plus sûrs.

Les réfugiés ont alors afflué en Hongrie. En 1938 et 1939, à la suite du rattachement de l'Autriche et de l'occupation de la Tchécoslovaquie, de 15 000 à 35 000 de ces réfugiés étaient des Juifs autrichiens, allemands, polonais et slovaques. En dépit de ce qui se passait dans ces pays, les Juifs hongrois continuaient de croire qu'ils n'auraient pas d'ennuis, qu'ils étaient protégés par les lois et par leurs concitoyens dans un territoire qui était leur patrie depuis un millénaire. La Hongrie comptait parmi ses citoyens juifs des politiciens, des universitaires, des journalistes, des gens d'affaires, des propriétaires terriens, des industriels, des poètes, des écrivains, des médecins et des avocats, ainsi qu'un bon nombre d'acteurs et d'impresarios célèbres. Ainsi trouvait-on des Juifs à tous les niveaux et dans tous les secteurs de la société hongroise, comme tel était aussi le cas en Pologne et en Tchécoslovaquie. À la différence de ces deux pays, toutefois, la Hongrie faisait preuve d'un climat de tolérance hors du commun envers les Juifs. Quand l'Allemagne a annexé l'Autriche en 1938 – une opération qualifiée de fraternelle par l'occupant –, les Juifs hongrois ont continué à se sentir en sécurité. Ils s'étaient battus avec courage lors de la Première Guerre mondiale, des milliers d'entre eux avaient été décorés et portaient fièrement leurs médailles. Dans l'ensemble, ils se considéraient comme des Hongrois qui, incidemment, étaient de confession juive. Beaucoup ne pratiquaient d'ailleurs aucune religion officielle.

Au moment où l'Allemagne a hérité des Sudètes, en vertu des tristement célèbres accords de Munich, signés en septembre 1938, la presse hongroise a rapidement appuyé la volonté d'Hitler de créer un «espace vital» (*Lebensraum*) pour son peuple. L'opinion couramment admise voulait qu'une fois le territoire des Sudètes cédé à l'Allemagne, il n'y aurait plus d'autres revendications. L'amiral Miklós Horthy, régent de Hongrie de 1920 à 1944, a d'ailleurs été récompensé pour son soutien à l'expansion allemande en Tchécoslovaquie et en Autriche: Hitler a permis à la Hongrie d'annexer une partie de la Slovaquie et de la Ruthénie carpatique magyarophones, territoires que le pays avait dû céder suite au traité de Trianon.

Les Juifs ont également fait peu de cas d'une nouvelle loi antijuive adoptée par le parlement hongrois en mai 1939. Elle était plus sévère que la première grande réglementation antijuive promulguée en 1938, qui limitait à 20 % la présence des Juifs dans les entreprises commerciales, la presse, les cabinets d'avocats et ceux des médecins. Calquée sur les Lois de Nuremberg, cette nouvelle version introduisait pour la première fois la notion de race pour définir les Juifs. On imposait par ailleurs l'exclusion de tous les membres juifs de la magistrature, on annulait le droit de vote des Juifs aux élections et on instaurait la création pour les hommes d'un service de travail obligatoire. Ce dernier tenait lieu de service militaire (mais sans le droit au port d'arme et sans aucune protection légale) et a affecté 150 000 Juifs. Bien des membres de l'élite juive hongroise n'ont vu dans cette nouvelle loi qu'une simple tentative d'apaiser à la fois la droite montante en Hongrie et Hitler en Allemagne, dont l'idéologie farouchement antisémite faisait l'objet d'une large diffusion depuis la publication de son livre *Mein Kampf*.

La Deuxième Guerre mondiale a commencé par l'invasion de la Pologne le 1er septembre 1939. Le 28 septembre, Varsovie tombait aux mains des forces allemandes. Tout au long de l'année 1939, les Juifs ont été assassinés chez eux, dans les synagogues et dans la rue; passés au fil de la baïonnette sur les places des villages; fusillés puis jetés dans des fosses qu'ils avaient été obligés de creuser eux-mêmes. Affluant en Hongrie, les réfugiés racontaient les atrocités commises et les ravages causés par des mois de famine dans les ghettos surpeuplés où les Juifs de Pologne étaient entassés de force.

En 1940, au fur et à mesure que les Allemands avançaient, que ce soit vers la Finlande, le Danemark et la Norvège, ou vers la France, la Belgique, le Luxembourg et les Pays-Bas, des centaines de milliers de réfugiés perdaient à chaque invasion un pays où se réfugier. Très vite, ils n'ont pu trouver asile nulle part. Les États-Unis dressaient tant d'obstacles sur le chemin des personnes qui tentaient désespérément de fuir que la plupart d'entre elles trouvaient la mort avant d'avoir pu réunir les papiers requis. L'Australie a accepté d'accueillir un maximum de 15 000 Juifs, car, disait-elle : « Nous n'avons pas de problème racial notable et n'avons aucun désir d'en importer un. » Le Canada n'a ouvert ses frontières qu'à une « certaine catégorie d'agriculteurs », ce qui excluait à peu près tout le monde[2]. Le Danemark et les Pays-Bas avaient offert l'asile à certaines conditions, mais les deux pays ont très vite été occupés par la *Wehrmacht*.

À la suite de la Nuit de Cristal (*Kristallnacht*), en novembre 1938, les Britanniques ont assoupli leur politique d'immigration afin d'accueillir des enfants juifs dont les parents étaient détenus dans des camps de concentration. Ce changement d'attitude a permis à des organismes juifs britanniques d'organiser l'opération *Kindertransport* (transport

---

2   Pour mieux comprendre le refus qu'a opposé le Canada à l'accueil des réfugiés juifs, consulter Irving Abella et Harold Troper. *None is Too Many: Canada and the Jews of Europe, 1933–1948*. Toronto : University of Toronto Press, 2012.

d'enfants) grâce à laquelle environ 7 500 enfants ont pu sortir d'Allemagne, d'Autriche, de Tchécoslovaquie et de Pologne. Plus tard, en septembre 1939, 80 000 réfugiés juifs ont été autorisés à entrer en Grande-Bretagne. Cependant, une fois le conflit en cours, l'immigration en provenance de pays sous occupation nazie a été interdite. En outre, la Palestine sous mandat britannique, déterminée à faire respecter un quota d'immigrants juifs, interceptait les bateaux remplis de réfugiés européens qui tentaient de gagner ses côtes.

En novembre 1940, la Hongrie a officiellement rejoint l'alliance de l'Axe, qui unissait l'Allemagne, le Japon et l'Italie fasciste. Les Juifs d'Europe n'avaient désormais plus aucune issue de secours.

~

C'est dans ce contexte géopolitique que se déroule le saisissant récit de Leslie Meisels, celui de la lutte de sa famille pour survivre dans des conditions extrêmement difficiles et sans cesse changeantes. Durant l'été 1940, quelques mois à peine après la *bar mitsvah* de Leslie, son père a été appelé sous les drapeaux. Il a rejoint les troupes hongroises parties reprendre la Transylvanie du Nord cédée à la Roumanie. Heureusement, elle a été restituée à la Hongrie en août, en vertu d'un arbitrage italo-allemand, et Lajos Meisels a pu rentrer et récupérer son emploi auprès de son employeur, un non-Juif qui l'a protégé du service de travail obligatoire. Pour sa part, Leslie a été vite contraint de renoncer à son rêve de poursuivre des études secondaires et a dû trouver une place d'apprenti dans l'atelier d'un maître ébéniste. Les restrictions contre les Juifs n'ont pas tardé à les priver de toute possibilité d'emploi ou d'étude.

Entre-temps, la « question juive » – ou « problème juif » – faisait régulièrement l'objet de débats au Parlement, où la proportion des partisans de l'extrême droite avait atteint 20 %. Malgré tout, la majorité des Juifs hongrois demeurait relativement calme. C'étaient des patriotes, après tout. Certains propriétaires d'entreprises se trouvaient des associés non-juifs qui leur permettaient de continuer à mener leurs affaires, et les journalistes continuaient d'écrire sous des pseudonymes. Pour eux, il s'agissait de difficultés passagères et la vie allait bientôt reprendre son cours normal. Persuadés de la bonne volonté de l'amiral Horthy, beaucoup étaient convaincus qu'il avait agi sous la contrainte pour apaiser Hitler. Le Bureau national juif hongrois mettait en garde la communauté afin qu'elle évite toute manifestation publique de mécontentement. Son président, Samuel Stern, portait toujours son titre de *Hofrat* (conseiller de la Cour nommé par l'empereur) et faisait partie du cercle social de l'amiral Horthy.

En avril 1941, l'armée allemande, assistée de l'armée hongroise et se servant de la Hongrie comme base d'opérations, a envahi la Yougoslavie. En juillet de cette même année, Hermann Göring, président du *Reichstag* (le Parlement allemand), a ordonné la « mise en œuvre de la Solution finale à la question juive ». Il s'agissait purement et simplement de mettre fin à la présence juive à l'échelle européenne et, dans l'éventualité d'une victoire nazie, à l'échelle mondiale. En août 1941, la troisième grande loi antijuive adoptée en Hongrie est venue interdire le mariage entre Juifs et non-Juifs.

Au moment où les Juifs des pays occupés fuyaient en grand nombre vers la Hongrie, un petit groupe de personnes ayant les moyens d'obtenir argent, vivres, vêtements et logements a créé des centres d'accueil pour les réfugiés. Parmi ces personnes figurait un avocat et journaliste originaire de Kolozsvár, une petite ville de la partie de Transylvanie récemment réintégrée à la Hongrie. Il s'appelait Rezső (Rudolf) Kasztner. Avant même l'année 1941, Kasztner était reconnu dans sa ville natale pour ses capacités à résoudre les problèmes de la communauté ; il savait se faire entendre des autorités locales pour la libération des Juifs incarcérés ; il était aussi en mesure de procurer nourriture et hébergement à ceux qui fuyaient les persécutions et il pouvait même intervenir dans des cas spécifiques, quand des hommes étaient enrôlés dans les unités de travail forcé.

En 1941, le gouvernement ayant fermé le journal juif *Új Kelet* où Kasztner travaillait, celui-ci est parti s'installer à Budapest et a contribué à la création du *Vaada*, forme abrégée de *Vaadat Ezra ve' Hazalah*, le Comité d'entraide et de secours aux Juifs. Ses partenaires, Joel et Hansi Brand, avaient déjà commencé à venir en aide aux réfugiés de Budapest dès que le besoin s'en était fait sentir. Leur appartement était devenu un centre de secours et Hansi offrait ses propres vêtements aux femmes qui avaient tout perdu. Rezső Kasztner et Joel Brand avaient échappé au travail obligatoire grâce à de faux certificats médicaux. La famille Meisels ne l'apprendrait que bien plus tard, mais c'est grâce à Kasztner et au couple Brand qu'ils ont pu avoir la vie sauve.

En août 1941, la Hongrie a déporté environ 20 000 Juifs – dont beaucoup de réfugiés sans papiers – à Kamenets-Podolski, dans une région de l'ouest de l'Ukraine sous contrôle allemand, où ils ont tous été massacrés par les *Einsatzgruppen* (les unités mobiles de tuerie).

En janvier 1942, des unités de l'armée hongroise ont exécuté plus de 3 000 civils, dont un tiers de Juifs, dans la partie de la Yougoslavie récemment occupée par la Hongrie.

À l'été 1942, le rabbin von Freudiger, qui dirigeait la communauté orthodoxe de Budapest, a reçu une lettre du rabbin Michael Dov Weissmandel, de Bratislava, qui l'informait que les Allemands avaient déjà déporté 52 000 Juifs de Slovaquie et que lui-même travaillait avec Gizi Fleischmann, de l'Organisation des femmes sionistes, pour tenter d'épargner la vie de ceux qui restaient. Tous deux avaient eu l'idée de soudoyer les Allemands pour sauver des vies juives. Le gouvernement slovaque avait accepté de déporter des Juifs pour le travail forcé en Allemagne et avait versé aux nazis 500 *reichsmarks* par déporté en échange; peut-être qu'une plus grosse somme convaincrait les Allemands de laisser les Juifs rester dans leur propre pays. Weissmandel et Fleischmann avaient engagé le processus en livrant un premier versement de 25 000 dollars, un montant offert par un homme d'affaires local. Ils s'étaient présentés à un officier nazi du nom de Dieter Wisliceny en tant que représentants d'une mythique «communauté juive mondiale» prête à payer davantage si leurs demandes étaient acceptées. L'action s'appelait « Plan Europa » et Fleischmann était convaincue qu'en échange de seulement 3 millions de dollars, tous les Juifs qui restaient seraient sauvés.

Le groupe de Bratislava avait espéré que le Comité conjoint de distribution juif-américain (ou *Joint*) et l'Agence juive, en Palestine, rassembleraient les fonds nécessaires. Malheureusement, ni l'une ni l'autre de ces organisations n'a été en mesure de répondre à cette attente, mais Brand et Kasztner ont tout de même décidé de mettre l'idée à profit.

En novembre 1942, plus de 300 000 Juifs ont été déportés des territoires occupés, dont 106 000 des Pays-Bas et 27 000 de France. Stephen Wise, le président du Congrès juif américain, a annoncé devant un parterre de politiciens et de journalistes que 2 millions de Juifs avaient déjà été tués en Europe et que les nazis avaient pour projet de les anéantir tous. Le *Times* de Londres rapportait de son côté qu'à Paris, 4 000 enfants juifs avaient pris le chemin des camps de concentration. Malgré tout, personne encore n'était en mesure d'imaginer l'existence des « centres de mise à mort » conçus pour fonctionner comme des usines. En Hongrie, les dirigeants juifs s'accrochaient à l'idée que l'armée allemande avait besoin des voies ferrées pour le transport des troupes et du ravitaillement, et qu'elle ne les encombrerait pas en déportant des Juifs.

Les Hongrois s'étaient ralliés à la grande offensive allemande contre l'Union soviétique en juin 1941 et, en janvier 1943, la 2e armée hongroise a été presque entièrement décimée à Voronej, sur le Don. Plus de la moitié des hommes ont été tués, des milliers d'autres ont été faits prisonniers et l'unité de travail, réunissant une majorité de Juifs non armés, a été annihilée. Heureusement, grâce à l'intervention de son employeur non juif, Alexander Papp, le père de Leslie avait échappé à la mobilisation ; la famille Meisels n'avait donc pas été touchée directement. Néanmoins, la débâcle à Voronej a déclenché une série d'événements qui se sont avérés fatals pour les Juifs de Hongrie.

En réaction aux lourdes pertes subies sur le front soviétique, le gouvernement hongrois a commencé à douter de la pertinence de son alliance avec les forces de l'Axe. Quand l'Italie s'est retirée du pacte tripartite à l'automne 1943, la Hongrie a offert son soutien au nouveau régime italien. Le gouvernement hongrois a également autorisé la presse à publier des articles critiques envers la guerre et des appels publics pour inciter la Hongrie à se retirer du conflit. Le premier ministre a écrit à Hitler pour lui demander l'autorisation de rapatrier ses troupes du front de l'Est. Dernier point, mais non des moindres, le régime hongrois a refusé de rafler les Juifs du pays pour les déporter dans les camps de concentration et les camps de la mort. Le 17 mars 1944, Hitler, furieux de cette trahison, a convoqué le régent Horthy pour déverser sur lui toute sa rage, l'informant que l'armée allemande occuperait la Hongrie et que si les Hongrois résistaient, il ordonnerait à toutes les unités des pays voisins d'attaquer. Tenant sa promesse, l'armée allemande a envahi la Hongrie le 19 mars 1944.

L'impact de l'occupation allemande sur la communauté juive s'est fait sentir immédiatement. À 14 heures, le jour même de l'invasion, deux officiers SS ont fait irruption dans les bureaux de la communauté juive, au 12 rue Sip, à Budapest, pour convoquer tous les dirigeants juifs, orthodoxes comme néologues, à une réunion le lendemain matin, à 10 heures. L'un de ces deux officiers SS était Dieter Wisliceny. Comme ils l'avaient fait dans d'autres pays, les Allemands ont demandé aux Juifs de constituer un *Judenrat* (Conseil juif) chargé de transmettre les ordres allemands.

Le *Vaada* (Comité d'entraide) s'est réuni le jour même pour tenter de trouver un moyen d'aider les réfugiés sans papiers et sans domicile fixe, susceptibles d'être les premiers raflés quand les déportations commenceraient. Après avoir discuté de la manœuvre qu'avait utilisée Weissmandel pour racheter des vies juives, Kasztner et Brand ont décidé d'utiliser le même procédé en Hongrie.

Le lieutenant-colonel SS Adolf Eichmann est arrivé à Budapest à la fin du mois de mars. Comme il l'avait fait ailleurs, il a formulé ses ordres très clairement : il fallait que la Hongrie soit « nettoyée des

Juifs». Pour l'appuyer dans cette entreprise, il pouvait compter sur l'aide d'assistants zélés: les secrétaires d'État Baky et Endre, ainsi que leur exécuteur, le lieutenant-colonel de gendarmerie Ferenczy, chargé de superviser les déportations. Eichmann dira plus tard, dans une entrevue réalisée en Argentine par un journaliste néerlandais: «Ce soir-là, le sort des Juifs de Hongrie a été scellé.» Le pays a été divisé en zones de ghettoïsation et de déportation, en commençant par la Ruthénie carpatique et la Transylvanie. Les Juifs ne pouvaient plus communiquer à distance avec les membres de leurs familles ni avec leurs amis, car l'usage des téléphones et des postes de radio était désormais interdit, tout comme les déplacements sans laissez-passer.

À la fin mars, tous les Juifs de Hongrie ont été tenus de porter une étoile jaune sur leurs vêtements. Leslie Meisels raconte l'effet traumatisant que ce décret a eu sur son grand-père paternel: «Ce gentleman aux allures typiquement hongroises et dont les ancêtres étaient nés à Nádudvar et y avaient toujours été respectés a annoncé qu'il refusait de se laisser avilir, qu'il ne porterait pas l'étoile jaune. Après avoir ruminé la chose pendant quarante-huit heures sans sortir de la maison, il a été foudroyé par un infarctus et est décédé quelques jours plus tard. Il est mort sans avoir jamais mis ce symbole infâmant sur ses vêtements.»

Kasztner et les autres membres du *Vaada* ont décidé qu'ils tenteraient de soudoyer les SS, en commençant par Wisliceny et en s'adressant ensuite à l'un des principaux maîtres d'œuvre de l'Holocauste, Adolf Eichmann. Si la première portion de l'avance ne s'élevait qu'à 90 000 dollars – une somme collectée auprès de Juifs fortunés de Budapest – ils espéraient en obtenir davantage de leurs coreligionnaires américains dès que ces derniers apprendraient que les Juifs de Hongrie étaient sur le point d'être assassinés.

Quand Eichmann a convoqué Joel Brand à son quartier général, sur les hauteurs de Buda, les membres du *Vaada* ont cru que débutait une nouvelle phase de négociations. Mais il n'en était rien. Eichmann désirait envoyer Brand à Istanbul pour voir si les Alliés accepteraient

de troquer «des marchandises contre du sang», c'est-à-dire des camions militaires équipés pour l'hiver contre des vies juives. Comme
on pouvait s'y attendre, la mission de Brand a échoué.

Le 29 avril, un premier convoi de Juifs, comptant 1 800 personnes,
a quitté la Hongrie pour le centre de mise à mort d'Auschwitz-Birkenau, où plus d'un million de Juifs européens ont été assassinés durant
la guerre. Ce même mois, les nazis et leurs collaborateurs hongrois
ont commencé à entasser les Juifs dans des ghettos situés au cœur de
chacune des zones de déportation.

Ayant échoué dans sa tentative d'impressionner Eichmann avec
la richesse imaginaire de la «communauté juive mondiale», Kasztner
a ensuite jugé que la meilleure solution de rechange était d'engager
des négociations avec le lieutenant-colonel SS Kurt Becher, qui venait
tout juste de conclure un marché avec la famille juive la plus riche de
Hongrie, obtenant leurs actifs industriels contre la vie sauve pour les
membres de leur clan[3].

Le 30 avril 1944, Leslie Meisels a dit au revoir à son père, mobilisé dans une unité de travail forcé, et a emménagé dans le ghetto
de Nádudvar avec sa mère, sa grand-mère et ses deux jeunes frères.
Environ 200 personnes étaient entassées dans une douzaine de maisons et l'enceinte, clôturée, était gardée par des gendarmes hongrois
pour empêcher toute tentative d'évasion.

Continuant à négocier tant avec Eichmann qu'avec Becher en
promettant plus d'argent et d'objets de valeur, rassemblant bijoux et
argenterie auprès de ceux qui en avaient encore, Kasztner est finalement parvenu à conclure un marché, obtenant le départ de 1 684
Juifs vers la Suisse via le camp de Bergen-Belsen en Allemagne. Une
centaine des passagers de ce convoi ont payé pour tous les autres. Le

---

3 Les avoirs des familles Chorin-Weiss-Kornfeld-Mauthner comprenaient une
usine de munitions et un avion. La famille a fui en Espagne.

prix était très élevé : 20 millions de francs suisses, avec une avance de 5 millions à verser immédiatement.

À la fin du mois de mai, 217 000 Juifs avaient été déportés. Les gendarmes fouillaient les gens à la recherche d'objets de valeur, ils les battaient et les torturaient, à mort parfois. Au début du mois de juin, la famille Meisels a été transférée dans un ghetto plus grand, une ancienne tannerie de Debrecen. Par chance, Mme Meisels avait réussi à emporter un pot de graisse d'oie qui les a sauvés plus tard de la famine. Leslie a également été en mesure de cacher son cadeau d'anniversaire, une collection de timbres qu'il possède encore aujourd'hui. Ce que le jeune Leslie de 17 ans ne savait pas, c'est qu'à Debrecen, le convoi même vers lequel il a entraîné ses frères, et sa mère malgré ses protestations, leur a tous sauvé la vie.

Lors de ses négociations pour sauver davantage de vies, Kasztner rappelait constamment à Eichmann que la communauté juive mondiale savait ce qui se passait à Auschwitz, comme d'ailleurs quiconque lisait les journaux. Deux juifs slovaques, Rudolf Vrba et Alfred Wetzler, s'étaient échappés d'Auschwitz-Birkenau le 7 avril 1944. Juste après leur évasion, ils avaient rédigé un rapport détaillé sur le processus de mise à mort organisée qui attendait les Juifs hongrois dès leur arrivée sur la rampe de débarquement. Rudolf Vrba avait été témoin de la construction de deux nouveaux crématoires et de la rampe elle-même. Le rapport avait paru dans la presse en Europe et aux États-Unis en juin et juillet 1944, au moment même où les déportations atteignaient leur point culminant. S'il ne restait plus un seul Juif en vie, faisait valoir Kasztner à Eichmann, il n'y aurait plus rien à troquer contre de l'argent ou des marchandises.

Il a d'abord été question de sauver 100 000 Juifs, mais en juin, ce chiffre est tombé à 30 000, avec un dépôt de 100 000 *pengős* hongrois (environ 100 dollars) par personne. Pour Eichmann, tant que la totalité de la somme n'avait pas été encore versée par le *Joint*, par l'Agence juive ou par quiconque dans ce vaste monde se souciait du sort des Juifs, ceux-ci restaient, selon ses termes, « en attente ».

Selon le *Vaada*, il fallait choisir des familles avec beaucoup de jeunes enfants. Kasztner espérait en effet que les enfants de moins de 10 ans ne feraient pas partie du décompte. Étant donné l'urgence de la situation, la responsabilité de rassembler 15 000 Juifs de province et 15 000 Juifs de Budapest, avant qu'il ne soit trop tard, a été confiée aux Conseils juifs locaux, du moins ce qu'il en restait. Au bureau de Vienne, 6 889 hommes et 9 812 femmes ont été recensés.

Kasztner ne savait pas que le maire de Vienne, le général de brigade Karl Blaschke, avait demandé qu'on lui envoie des travailleurs forcés pour remplacer les Autrichiens partis à l'armée – une autre raison de garder les « Juifs en attente » en vie. Leslie Meisels et sa famille ont fait partie des contingents envoyés à Strasshof, en Autriche, tandis que les 40 500 autres Juifs des zones IV et V, soit du sud et de l'ouest de la Hongrie, ont été conduits à Auschwitz-Birkenau, où la plupart ont été assassinés dès leur arrivée.

Les Juifs envoyés à Strasshof ont effectué le voyage dans des wagons à bestiaux bondés, sans eau ni nourriture, puis ont été répartis en groupes de travail dès leur arrivée en Autriche. Beaucoup de familles, comme les Meisels, ont été affectées à des fermes pour travailler la terre et aider aux récoltes. D'autres sont restées à Vienne, où les enfants de petite taille pouvaient être appelés à dégager des bombes dans des endroits difficiles d'accès.

À la fin du mois de juin, 434 351 Juifs hongrois avaient été déportés à Auschwitz et la majorité d'entre eux étaient morts.

Le 15 octobre, Horthy a annoncé par communiqué radiophonique que la Hongrie se désengageait de la guerre, mais il a aussitôt été contraint d'abdiquer sous la pression des Allemands. Horthy a été arrêté et envoyé en Autriche avec sa famille. À sa place, les Allemands ont installé au pouvoir le Parti des Croix fléchées, une formation farouchement antisémite. En Hongrie, il ne restait plus alors que la communauté juive de Budapest encore intacte. Des milliers de Juifs de la capitale ont été envoyés à Vienne dans des marches forcées, soi-disant pour y construire des fortifications. Beaucoup ont été fusillés en chemin. En ville, les Croix fléchées ont commencé à envahir les maisons qui avaient jusqu'alors bénéficié de la protection d'ambassades étrangères, tuant et blessant tous les Juifs qui s'y trouvaient et les jetant dans le Danube, morts ou vivants.

Entre-temps, Becher a annoncé que la valeur de l'avance originale avait baissé et qu'il n'y avait plus assez d'argent pour les Juifs qui restaient à Strasshof. Kasztner a tenté de faire livrer des médicaments et des vêtements par le bureau de Vienne, mais il s'est rendu compte que beaucoup de ceux à qui il destinait cette aide seraient maintenant transférés dans des camps de concentration.

Au début du mois de décembre, un grand nombre de « Juifs en attente », dont Leslie Meisels et sa famille, ont été déportés au *Ungarnlager* (secteur hongrois) du camp de concentration de Bergen-Belsen, à l'endroit même où l'on avait conduit les passagers du « train Kasztner » qui attendaient d'être envoyés en Suisse. L'horreur qu'ont découvert les soldats de la 11ᵉ division blindée britannique lorsqu'ils ont libéré le camp de Bergen-Belsen le 15 avril 1945 a été largement documentée ; les forces britanniques ont notamment obligé les anciens gardes à enterrer eux-mêmes les montagnes de cadavres.

Cependant, avant l'arrivée des Britanniques, la famille Meisels avait déjà quitté le camp par un convoi dont elle ignorait tout de la destination. Ses membres étaient encore à bord de ce train – désormais abandonné par ses gardes allemands – lorsqu'ils ont été libérés par la 9ᵉ division de l'armée américaine, le 13 avril 1945. « Soixante-trois ans se sont écoulés depuis, écrit Leslie Meisels, mais chaque fois que je repense à ce moment, j'en ai encore des frissons. »

Le 10 décembre 1944, soit à peu près au moment où les Meisels prenaient le chemin de Bergen-Belsen, le ghetto de Budapest a été clôturé d'une palissade en bois de près de 5 mètres de haut. Plus de 63 000 personnes devaient se partager 293 maisons ; il y avait au moins 14 personnes dans chaque pièce. Parmi ces gens se trouvait

Eva Silber, qui deviendra plus tard la femme de Leslie Meisels. Eva, qui n'avait que 5 ans en 1944, se rappellera toute sa vie les cadavres amoncelés sur la place Klauzál.

L'Armée rouge est entrée dans Budapest le 17 janvier 1945. Libérée après des semaines passées dans un abri antiaérien, la petite Eva a mis des jours à se réhabituer à la lumière naturelle et a craint les sous-sols une bonne partie de son enfance. Malgré son tout jeune âge à l'époque, elle a gardé gravée dans sa mémoire la perte des gens qui l'entouraient. Elle écrit : « Nous avons perdu beaucoup trop d'êtres chers durant la guerre. Voilà ce dont je me souviens. Que nous ayons une vie normale – avec des enfants et des petits-enfants – ne correspondait pas du tout à ce qu'Hitler avait envisagé pour les Juifs. »

L'histoire d'Eva et celle de Leslie sont très différentes l'une de l'autre. À l'instar de bien d'autres survivants de l'Holocauste, leur survie est due en grande partie à la chance ou au destin. Pourtant, ces deux récits illustrent avec éloquence comment l'action d'une seule personne peut changer la vie de communautés entières. Ni Leslie ni Eva n'étaient au courant des tractations en coulisse qui allaient leur permettre de passer au travers des horreurs de l'Holocauste, et pourtant il est à peu près certain que sans les efforts courageux de Rezső Kasztner et de Raoul Wallenberg, leurs histoires se seraient terminées de manière bien différente.

Anna Porter
Toronto
2014

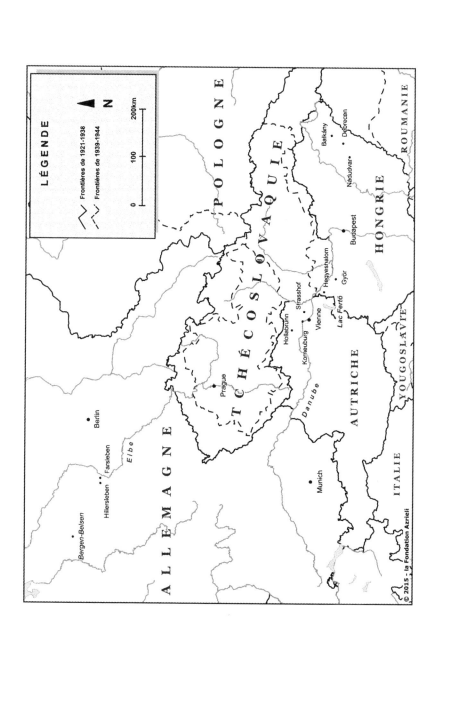

Rédigés en hommage à nos parents, qui ont survécu à l'Holocauste, les présents mémoires honorent également le souvenir de nos grands-parents et de nos nombreux oncles, tantes, cousins, cousines et autres membres de nos deux familles qui ont été assassinés par les nazis, ces monstres de cruauté et de haine.

Nous les dédions à nos enfants, à nos petits-enfants et aux générations futures. Puissent nos expériences encourager les lecteurs à se rappeler l'Holocauste et à tout faire pour éradiquer la haine. Puissent aussi les présents récits garder vivante la mémoire des 6 millions de victimes.

Préface de l'auteur

En 1987, après avoir visité une exposition de photographies consacrée à Anne Frank et à sa famille, j'ai contacté l'*Holocaust Centre* de Toronto dans le but de consigner mes mémoires. Cependant, pendant les cinq années qui ont suivi, j'ai été trop occupé pour m'y consacrer, repoussant sans cesse mon projet jusqu'à ce qu'une expérience pénible me fasse prendre conscience qu'il fallait que je m'y mette avant qu'il ne soit trop tard. Lors d'un examen médical de routine, on m'a en effet détecté une tumeur au rein droit – je n'avais pas été malade ni n'avais ressenti le moindre symptôme – et j'ai dû subir une néphrectomie. Cette opération a effectivement éliminé le cancer de mon corps, mais la maladie m'a rappelé que nous étions tous mortels et que tôt ou tard, je ne serai plus capable de raconter mon histoire. Il n'y avait pas de temps à perdre.

De décembre 1993 à février 1994, Dave Harris, de l'*Holocaust Centre*, m'a interviewé dans un studio de la chaîne de télévision Global, puis au printemps 2007, j'ai rajouté des éléments au manuscrit de mes mémoires. J'ai souhaité relater mes expériences non seulement pour les consigner, mais parce que chaque survivant a son histoire propre. Il s'agit ici de mon récit personnel, et peut-être pourra-t-il offrir un éclairage utile. J'espère que mes mémoires inciteront les lecteurs à poursuivre leurs objectifs de vie avec persévérance et à tout faire pour empêcher la haine. Si je leur ai permis de mieux comprendre jusqu'où peut aller l'inhumanité et s'ils s'emploient à la combattre, alors écrire ce livre n'aura pas été vain.

Une paix fragile

J'ai eu une enfance plutôt idyllique. Notre famille n'était pas riche, mais nous vivions confortablement. Maman n'a jamais travaillé à l'extérieur de la maison et elle employait une domestique pour l'aider aux tâches ménagères. Quand je suis né, le 20 février 1927, j'étais le premier petit-enfant des deux côtés de la famille et durant les six premières années de ma vie, j'ai été enfant unique. Mon frère György (George) est né le 10 septembre 1933 et Ferenc (Frank) le 11 septembre 1934.

Mes parents sont tous deux nés en Hongrie, à Nádudvar, une ville du *comitat* de Hajdú : mon père, Lajos Meisels, en 1900, et ma mère, Etelka Berkovits, quatre ans plus tard. La famille Berkovits était installée à Nádudvar depuis de nombreuses années. Mon grand-père maternel, Morris, possédait un magasin général situé tout près de la place du marché central, où les paysannes des alentours venaient vendre leurs produits, et mon grand-père les autorisait à garer leurs charrettes dans sa cour gratuitement. En échange, les femmes lui remettaient la liste des articles qu'elles avaient besoin d'acheter dans son magasin. C'est ainsi que ses affaires prospéraient.

Par coïncidence, mon père a commencé à travailler comme apprenti dans ce même magasin après avoir fini sa sixième année à l'école. Il nettoyait les lieux après la fermeture. Un soir, alors qu'il venait tout juste de laver le plancher, la fille de Morris, Etelka, qui avait 8 ans à l'époque, est entrée dans le magasin pour chercher des bonbons. Mon père lui a demandé d'attendre que le plancher soit sec, mais elle n'a pas écouté et mon père lui a donné une tape sur les fesses! Il était alors loin de se douter que cette fillette deviendrait plus tard sa femme adorée.

Une tragédie a frappé la famille Berkovits en 1916. La petite sœur de ma mère courait dans la rue quand elle a été heurtée mortellement par un cheval. Elle avait 2 ans. Ma grand-mère ne s'est jamais remise du choc et elle est morte deux ans plus tard. À l'âge de 14 ans à peine, ma mère s'est donc retrouvée responsable de la maisonnée et avec l'aide de la domestique, elle a élevé ses deux frères, Andor (Andy) et Sandor (Alex), et sa sœur, Gizella. Ce sont peut-être ces responsabilités assumées à un si jeune âge qui lui ont donné la force d'aider ses fils à survivre à l'Holocauste.

Mon père faisait partie de la sixième génération de Meisels à naître à Nádudvar, ce qui fait de moi un représentant de la septième. Ses aînés lui ont transmis maintes histoires au sujet de la vie de la communauté juive dans la région. Il m'a raconté, par exemple, qu'en Hongrie, sous l'Empire austro-hongrois, les Juifs n'avaient pas l'autorisation de s'installer dans de grandes villes comme Debrecen, la capitale de notre *comitat*. Debrecen était une *szabadkirályi város,* c'est-à-dire une «ville libre royale», où les Juifs pouvaient occuper des emplois dans n'importe quel secteur et faire des affaires durant la journée, mais où ils ne pouvaient pas y vivre, ni y séjourner, ni y posséder de propriétés, et ce jusqu'en 1840[1]. En dépit de ces contraintes, l'importance industrielle et commerciale de Debrecen était telle que beaucoup de Juifs y travaillaient malgré tout.

Située à 40 kilomètres à peine de Debrecen, ma ville natale comptait plus de 200 familles juives au tournant du XVIIIe siècle, qui tra-

---

1 Pour plus de détails concernant l'expression «ville libre royale» et les autres termes historiques, culturels et religieux, les principales organisations, les événements et les personnages historiques, les lieux géographiques, ainsi que les expressions et mots d'origine étrangère, veuillez consulter le glossaire.

vaillaient à Nádudvar même ou à Debrecen. Vu l'importance de la communauté, une belle et grande synagogue y a été érigée, fait rare pour une ville de cette taille.

En 1867, après la promulgation de la loi d'émancipation par François-Joseph, empereur d'Autriche et roi de Hongrie, les Juifs sont devenus des citoyens à part entière. Dès lors, ils ont pu vivre, travailler et posséder des propriétés dans n'importe quelle ville du pays. À partir de la génération de mes grands-parents, la plupart des Juifs se sont montrés reconnaissants de cette égalité acquise et ont commencé à s'assimiler à la culture hongroise. Des familles ont quitté Nádudvar, la plupart pour s'installer dans les grandes villes. Quand j'étais enfant, notre communauté ne comptait plus que 45 familles sur une population de 10 000 habitants.

Mon grand-père paternel, prénommé Morris lui aussi, est né en 1867, l'année même de l'émancipation. Élevé dans une ferme où son père était administrateur, il n'était jamais allé à l'école. Mais sa connaissance de la lecture et de l'écriture avait beau se limiter à la signature de son nom, il possédait une mémoire photographique et d'excellentes aptitudes en mathématiques qui lui ont beaucoup servi dans la vie.

Comme tous les jeunes Hongrois, il a été appelé sous les drapeaux à l'âge de 20 ans. Quand il a été libéré de ses obligations en 1899, après 12 ans de service, il est rentré dans sa ville natale, s'est marié et a fondé une famille.

Le tout premier été qui a suivi son retour à la vie civile, mon grand-père a acheté deux chevaux et une charrette, et a loué ses services à qui voulait bien l'engager. Il a fini par décrocher un bon contrat chez un grand propriétaire terrien, transportant les gerbes de blé récoltées dans les champs jusqu'à la batteuse. Il commençait ses journées à 3 heures du matin et prenait une pause pour le petit-déjeuner communautaire à 7 heures. Un matin, son patron lui a fait l'honneur de lui demander de bénir et de couper le pain pour le groupe, sachant et acceptant qu'il ferait ce *motsi*, cette bénédiction, en hébreu. En prenant la grosse miche de pain de sept kilogrammes des mains de la domestique, mon grand-père a demandé à son patron où il souhaitait qu'il le coupe. Le patron a répondu : « Où tu veux, Morris. » Mon grand-père a alors lancé : « À la maison ! » Le patron a donc ordonné à la domestique de mettre la miche de côté pour mon grand-père et d'en apporter une autre pour le groupe. La famille Meisels a profité de ce pain durant une semaine complète !

Quand mon grand-père a été mobilisé à nouveau au début de la Première Guerre mondiale, ma grand-mère et mon père sont alors devenus soutiens de famille. Mon père avait maintenant deux jeunes frères, Eugene (appelé Jeno) et Istvan (Steven), et une petite sœur, Etus (Eta), la cadette de la famille. Ma grand-mère engraissait des oies dans le jardin et mon père, alors âgé de 15 ans, se rendait en train à Budapest toutes les semaines – un trajet de 215 kilomètres – pour y vendre les foies. En 1917, papa a également été enrôlé dans l'armée. À la différence de mon grand-père, il avait terminé les six années de l'enseignement primaire obligatoire et avait une belle écriture, ce qui lui a valu d'être choisi comme secrétaire d'un peloton. Grâce à cette affectation, il ne s'est jamais rendu au front durant la Première Guerre mondiale.

À l'issue du conflit, mon grand-père et mon père sont tous deux rentrés dans leurs foyers. Avec l'aide de deux partenaires, mon grand-père a élargi ses activités pour devenir maquignon – son analphabétisme n'a jamais nui à son succès. Mon père a travaillé avec mon grand-père durant un certain nombre d'années, puis, ayant acquis beaucoup de connaissances dans le domaine, il a fini par conclure un contrat avec l'armée pour l'achat de bétail destiné à l'abattage et de chevaux pour les régiments de hussards (la cavalerie) de notre *comitat*. Cette expérience lui a ensuite permis d'ouvrir, avec son frère Jeno, sa propre boucherie kasher, juste avant d'épouser ma mère.

∼

L'année de mes trois ans, mes quatre grands-parents ont décidé de me faire un beau cadeau : grand-père Meisels a acheté un ânon et grand-père Berkovits a commandé à un commerçant local une petite carriole ainsi qu'un harnais pour l'animal. Je me souviens encore des tours de carriole que je faisais dans la rue, l'employé de mon père courant à mes côtés.

Enfant, j'ai sans doute été un peu gâté. J'étais aussi très têtu ! Quand j'ai eu 4 ans, ma mère a décidé de m'envoyer à la maternelle tout près de chez nous. Le premier matin, je me suis levé, j'ai revêtu mes plus beaux habits et la domestique m'a accompagné à l'école. En rentrant à la fin de la journée, j'ai annoncé à ma mère qu'une journée, c'était assez, que je n'avais pas l'intention d'y retourner. Et je n'y suis plus jamais allé.

J'ai connu une enfance normale, sans histoires, bien que le fait d'être juif me différenciait des autres. Ainsi, tandis que les enfants du voisinage passaient leur temps comme bon leur semblait, dès l'âge de 5 ans, j'ai fréquenté plusieurs fois par semaine le _héder_ où l'on dispensait une instruction religieuse. On nous enseignait ce que cela signifiait d'être juif et comment prier (qui se dit _daven_, en yiddish). Le _melamed_ (enseignant) – qui était l'un des _shohetim_ (abatteurs rituels) de la communauté – nous donnait des leçons d'histoire, nous apprenait à lire l'hébreu et nous expliquait, en hongrois, les rudiments du _Hoummash_ (les cinq livres de Moïse). À 6 ans, on m'a inscrit à l'école publique, comme les autres enfants juifs, car nous n'étions pas assez nombreux pour avoir une école juive. Il y avait deux écoles paroissiales, une protestante et une catholique. À l'époque, l'enseignement primaire durait six ans, ou quatre ans si l'on poursuivait ses études au secondaire. Quand les enfants obtenaient de bons résultats et que leurs parents avaient assez d'argent, ils pouvaient en effet poursuivre leurs études au secondaire pendant quatre autres années.

Dans une si petite ville, tout le monde savait qui était juif, tous les Juifs se connaissaient entre eux et connaissaient tous leurs concitoyens de nom ou, à tout le moins, de vue. Quand j'étais enfant, les Juifs se percevaient d'abord comme hongrois, citoyens d'une patrie dont ils étaient fiers, et leur religion était subordonnée à leur appartenance nationale. J'avais l'impression qu'à Nádudvar, notre communauté était parfaitement intégrée, acceptée et respectée. Sur le chemin de l'école, il m'arrivait néanmoins de me faire traiter parfois de «sale Juif» par un autre enfant qui m'en voulait pour une raison ou une autre. C'était désagréable, mais sans plus.

En 1934, la vie de notre famille a changé radicalement, car la Grande Dépression a eu raison de l'entreprise de mon père et il a dû chercher un autre moyen de subvenir à nos besoins. Il a alors décidé d'acheter une petite savonnerie à Balkány, une ville située à une quarantaine de kilomètres au nord-est de Debrecen, et il s'est procuré tous les ingrédients nécessaires aux différentes étapes de la fabrication du savon (empâtage, cuisson, découpage, séchage et marquage). Le savon prêt, il parcourait les villes environnantes en charrette à cheval pour le vendre aux commerçants.

Nous sommes partis vivre à Balkány en 1935, alors que j'étais en deuxième année, et nous y sommes restés jusqu'en 1939. Durant ces quatre années, nous avons vécu au sein d'une communauté juive beaucoup plus grande que celle de Nádudvar, car parmi les quelque 6 000 habitants de la ville, on comptait une centaine de familles juives. J'y ai fréquenté une école hébraïque, où la première partie de la journée était consacrée aux matières générales et la deuxième aux études religieuses. L'après-midi, donc, nous changions de local pour étudier la prière, le _Hoummash_ et les textes de Rashi, le grand érudit juif. Je ne suis pas allé beaucoup plus loin que ça, car je ne venais pas d'une famille ultra-orthodoxe, mais d'une famille orthodoxe assimilée. Nous observions les prescriptions religieuses, nous mangions kasher et nous allions à la synagogue le vendredi soir et le samedi, ainsi que les jours de fête. Mes quatre grands-parents comprenaient le yiddish, mais pas mes parents, ni mes frères et moi. Nous ne parlions que le hongrois, notre langue natale.

Notre vie à Balkány ressemblait à celle que nous avions à Nádudvar: nos voisins étaient soit des Juifs, soit des non-Juifs qui nous acceptaient comme nous les acceptions. Il m'arrivait toutefois de recevoir des insultes antisémites sans motif aucun.

À la fin de 1938, la situation économique s'est aggravée pour les petits entrepreneurs et mon père a fini par voir sa savonnerie réduite à néant par une grande entreprise dotée d'un équipement très moderne destiné à produire en série de bien plus beaux savons. Ces savons n'étaient pas de meilleure qualité que les autres, mais leur production massive a eu raison de toutes les petites savonneries artisanales. Quand il ne lui a plus été possible de gagner assez pour subvenir aux besoins de notre famille, mon père a dû se mettre encore une fois à la recherche d'un autre gagne-pain. Comme il venait d'une famille établie depuis des générations à Nádudvar, il a décidé de retourner dans sa ville natale où il connaissait tout le monde et où tout le monde le connaissait.

J'avais 12 ans à l'époque. J'étais en sixième année du primaire obligatoire, car mes parents n'avaient pas eu les moyens de m'envoyer au secondaire après la quatrième année. Ils ont attendu la fin de l'année scolaire, puis nous avons repris le chemin de Nádudvar. Mon père s'étant trouvé un travail immédiatement, il a pris des dispositions pour m'inscrire à une école secondaire de premier cycle, même si cela m'obligeait à parcourir les 20 kilomètres qui nous séparaient de Hajdúszoboszló, la ville voisine où se trouvait l'établissement. À l'école, on comptait m'admettre en troisième année du secondaire si je réussissais un examen d'équivalence. Afin de me préparer à cet examen, mon père a engagé un enseignant pour qu'il me donne des cours particuliers pendant six ou huit semaines durant l'été.

Le nouvel emploi de mon père était relativement bien rémunéré. Il travaillait pour Alexander Papp, dont le père, également prénommé Alexander, possédait près de 100 hectares de terres. Pour mettre les choses en perspective, un agriculteur qui possédait 15 hectares gagnait très bien sa vie. Avant la naissance de mon père, Alexander Papp père avait engagé mon grand-père paternel comme agent.

Mon grand-père s'occupait de la vente et de l'achat des produits de la propriété : le blé, diverses céréales, le bétail. Il était aussi responsable de l'acquisition d'une catégorie spéciale de chevaux, qui avaient pour particularité de devoir présenter une apparence parfaite, car ils étaient destinés à l'équipage personnel de M. Papp. Le fils de M. Papp, du même âge que mon père à quelques mois près, a fini par prendre la tête du domaine, et c'est ainsi que mon père est presque automatiquement devenu son agent de confiance. Comme mon père était boucher, il en savait long sur l'élevage du bétail.

Alexander Papp aimait bien mon père et c'est notamment pour cette raison que nous sommes revenus à Nádudvar. À la fin de l'été 1939, M. Papp a acheté la plus grande des deux minoteries de la ville. Il comptait sur mon père pour occuper l'un des postes de gestion les plus importants. À la *Tiszavideki Hengermalom* (Minoterie de la région de la rivière Tisza), on pouvait moudre du blé non seulement pour la consommation locale, comme on le faisait dans d'autres moulins, mais surtout, y produire de la farine à des fins commerciales et militaires. Mon père a accepté le poste et est devenu responsable du service de réception du blé, où l'on pesait le produit et jugeait de sa qualité pour en établir le prix. Il existait trois types de farine : de première, de deuxième et de troisième qualité, cette dernière servant à engraisser les porcs. Le paiement consistait en un certain pourcentage de la farine moulue. Certains clients apportaient également leur propre blé, celui qu'ils avaient eux-mêmes cultivé ou qu'ils avaient reçu en guise de salaire durant l'année. Les paysans sans terre, par exemple, étaient en effet payés en centaines de kilogrammes de blé, de maïs ou en bétail qu'ils vendaient ensuite pour acheter autre chose. Pour obtenir de la farine, un ingrédient essentiel à la préparation de beaucoup d'aliments de base, ils apportaient donc leur propre blé au moulin.

Le succès de la minoterie dépendait de l'honnêteté et de l'intégrité du service que gérait mon père. Une douzaine de personnes travaillaient pour lui. Son niveau de vie était bien différent de celui d'avant : son emploi ne l'a pas rendu riche, mais il était bien payé et c'est cela qui nous a sauvés.

Nous étions alors en 1939, et cela faisait un an que la première loi antijuive avait été promulguée par le gouvernement fasciste hongrois, un gouvernement indépendant que soutenait le régime nazi allemand. Cette loi, qui limitait notamment le pourcentage de Juifs autorisés à travailler dans les entreprises industrielles et commerciales, n'a pas entraîné de grands changements dans la vie de notre famille, mais le 5 mai 1939, le gouvernement en a adopté une deuxième, plus sévère, restreignant encore davantage l'effectif des Juifs dans certaines professions, limitant le nombre d'étudiants juifs admis aux études supérieures et interdisant aux Juifs de gérer de grandes entreprises. Ces derniers ne pouvaient continuer à travailler que s'ils transféraient, officiellement du moins, la gestion de leur entreprise à des non-Juifs. Cette mesure a porté un coup dur aux gens d'affaires et aux commerçants juifs de Nádudvar, mais beaucoup d'entre eux ont pu compter sur des non-Juifs de confiance, amis ou connaissances, qui ont accepté de voir leur nom utilisé sur les documents destinés au gouvernement, parfois contre de l'argent, ce qui a permis aux propriétaires juifs de continuer à diriger eux-mêmes leurs entreprises et leurs commerces.

Cette même année, la machine de propagande antisémite orchestrée par le gouvernement a commencé à répandre son vitriol partout au pays. Malgré certaines craintes, nous persistions à croire que rien ne pouvait nous arriver de pire que les lois déjà en place. Nous nous considérions d'abord comme des patriotes hongrois, et ensuite comme des Juifs. Les Hongrois de souche rappelaient d'ailleurs avec insistance que ces lois ne nous visaient pas nous, membres de la communauté juive hongroise et citoyens hongrois depuis des générations, mais plutôt les Juifs du Nord et de l'Est qui étaient de nouveaux arrivants. Nous désirions que ces propos, pourtant pénibles à entendre, soient vrais. Or, nous nous sommes vite rendu compte de la futilité de nos espoirs. Aux yeux du régime, non seulement nous n'étions pas hongrois, mais nos vies ne valaient rien.

À Nádudvar, l'atmosphère a commencé à changer. Un dénommé Zana, électricien de son état, dirigeait la section locale du Parti des Croix fléchées (*Nyilas*), la version hongroise du parti nazi allemand. Bien qu'imprégnés de l'idéologie nazie, les membres des Croix fléchées se sont contentés au début d'agressions verbales à l'encontre des Juifs croisés dans la rue ; ce n'est que bien plus tard qu'ils ont durci leurs actions. Il s'est avéré que l'enseignant engagé par ma famille pour me préparer à l'examen d'entrée au secondaire – un homme cultivé et respecté qui avait grandi avec mon père – était un ami de Zana et un sympathisant des Croix fléchées. Il affichait ouvertement son antisémitisme, mais désirait continuer à me donner des cours, moyennant rétribution. Dans les faits, il se montrait aimable envers moi, strict mais aimable. J'avais entendu bien des commentaires sur son attitude antisémite et je ne crois pas qu'il me faisait cours parce que sa vision des Juifs avait changé. Je pense plutôt que c'était un ami d'enfance de mon père et qu'en ma qualité de « fils de mon père », j'avais droit à une exception. Il mettait simplement ses opinions politiques entre parenthèses pour me faire cours.

Mon enseignant, qui avait été lieutenant dans l'armée hongroise, a été appelé au service militaire juste avant la date de mon examen. Dans la Hongrie d'avant-guerre, tout homme en âge de servir dans l'armée (c'est-à-dire ayant entre 18 et 45 ans), était réserviste et, quel que soit son rang, officier ou simple soldat, était appelé sous les drapeaux chaque année pour une durée de trois mois. Or, nous ne le savions pas encore, mais le gouvernement planifiait un nouveau genre de service de travail civil pour les Juifs.

Mon enseignant parti, j'ai dû poursuivre mes études par moi-même. J'ai réussi à l'examen et j'ai été admis en troisième secondaire à l'école de Hajdúszoboszló. Chaque jour, je prenais le train à destination d'une petite ville appelée Kaba, où je changeais de train, puis je faisais à pied les deux kilomètres et demi qui séparaient la gare de l'école. J'effectuais ce trajet par beau temps et par mauvais temps, six jours par semaine.

Les règles du shabbat m'interdisaient de voyager en train le samedi, mais à l'école, on m'a obligé à choisir entre prendre une chambre à Hajdúszoboszló, ce que nous n'avions pas les moyens de faire, ou enfreindre la loi religieuse. Le samedi, les élèves juifs étaient exemptés d'écrire et de participer aux travaux dans le jardin de l'école, ce qui nous valait maintes piques de la part de nos camarades obligés de creuser la terre pendant que nous tenions les pioches ou les bêches. Nous avons réussi à apaiser le courroux de certains d'entre eux lorsque, à la saison des mûres, nous sommes allés en cueillir pour les leur donner pendant qu'ils poursuivaient leur travail.

Mon père a été mobilisé au cours de l'été 1940, peu après ma *bar mitsvah*. Il a rejoint son unité de combat habituelle, en dépit du fait que les Juifs étaient exclus du service militaire à l'époque. Il avait 40 ans. Il a pris part à la campagne pour reprendre la Transylvanie du Nord à la Roumanie. La région représentait environ 40 % du territoire transylvanien et les forces de l'Axe (l'Allemagne et l'Italie) l'avaient accordée à la Hongrie en reconnaissance de son alliance. Heureusement, cette campagne militaire s'est déroulée plutôt pacifiquement. La Roumanie n'avait d'autre choix que de rendre le territoire et s'est retirée dès l'entrée de l'armée hongroise. Nous ignorions combien de temps mon père serait absent, mais moins d'un mois plus tard, il a été libéré de ses obligations militaires, est retourné à la maison et a repris son travail à la minoterie.

Certains Juifs, cependant, n'ont pas été démobilisés, mais envoyés dans des camps de travail forcé. Puis, l'année suivante, en avril 1941, le gouvernement fasciste hongrois a adopté une nouvelle loi obligeant tous les soldats juifs en âge de faire leur service militaire à rallier des unités spéciales de travail obligatoire. Ces soldats n'avaient aucun grade ni arme autre que leur pelle ou leur bêche, qui deviendraient les symboles de ces troupes. Les Juifs enrôlés dans ces bataillons ont fini par être envoyés sur le front de l'Est pour creuser des tranchées, entretenir les routes et déblayer les champs de mines. Des tâches épouvantables. Comme les appareils de déminage mécaniques n'existaient pas encore à l'époque, les officiers de l'armée hongroise plaçaient ces malheureux en tête de leurs unités pour les faire sauter et dégager ainsi la route pour les autres. Les commandants de pelotons et les gardes volontaires de ces travailleurs forcés étaient pour la plupart des partisans ouvertement antisémites des Croix fléchées. Les plus sadiques s'amusaient à faire souffrir les Juifs en les battant cruellement et en leur disant qu'ils ne retourneraient jamais chez eux, qu'ils ne reverraient jamais leurs proches.

En juin 1941, la Hongrie s'est jointe à l'Allemagne, qui venait de déclarer la guerre à l'Union soviétique. Des manœuvres militaires prenaient place partout dans le pays depuis trois ans et la *puszta* (vaste plaine) de l'Hortobágy, non loin de ma ville, était l'un des terrains d'entraînement préférés de l'armée. Cette même année, le gouvernement a décidé que lors de ces manœuvres, les Juifs – gens «indignes de confiance» – n'étaient pas autorisés à voyager. Il nous était impossible de circuler librement sans un laissez-passer spécial.

Mon grand-père, de la cinquième génération de Meisels nés à Nádudvar, avait 74 ans à l'époque. Très bel homme, il arborait une grosse moustache à la hongroise. Honnête et travailleur, il se comportait et vivait comme n'importe quel autre petit entrepreneur. Il avait passé toute sa vie à Nádudvar, à l'exception de ses douze années de service militaire dans l'armée austro-hongroise, et y bénéficiait de l'estime et du respect tant des Juifs que des non-Juifs. Il était aussi membre honoraire du club des petits propriétaires terriens et le dimanche matin, quand les membres du club sortaient de la messe, il s'asseyait sur un banc avec eux pour discuter et passer le temps.

En juillet 1941, par une splendide journée d'été, mon grand-père a décidé de profiter du beau temps pour se rendre en charrette chez son fils cadet, Steven, qui habitait Karcag, à environ 25 kilomètres de Nádudvar. Il avait plu la veille et il lui aurait été difficile de prendre le chemin de terre, le plus court, aussi a-t-il décidé d'emprunter les routes goudronnées jusqu'à Püspökladány, une ville située entre Nádudvar et Karcag. Comme j'étais l'aîné de ses petits-enfants, il m'emmenait toujours quand je n'étais pas à l'école, ce qui était le cas ce jour-là. Quand il m'a fait part de son projet, j'ai demandé : « Et le laissez-passer ? » Il m'a répondu : « Ne t'en fais pas ! De toute façon, on ne m'aurait jamais accordé une telle permission pour une simple visite à mon fils. » Nous sommes donc partis sans même tenter d'obtenir le laissez-passer en question. Arrivés au poste de contrôle militaire, nous avons été salués par le soldat de garde qui nous a dit : « Monsieur, si tout le monde avait l'air aussi Hongrois que vous, ce poste de contrôle serait inutile. Passez donc, je vous en prie. » Mon grand-père et moi avons eu bien du mal à ne pas pouffer de rire.

～

Au cours de cette période, j'ai achevé mes études secondaires de premier cycle. En raison des restrictions contre les Juifs, je ne pouvais songer à poursuivre mon parcours scolaire. Si j'avais été issu d'une famille riche, j'aurais pu choisir une des professions libérales. Si j'avais été exceptionnellement doué, on m'aurait peut-être accordé une bourse d'études. Or, je n'étais qu'un élève moyen, juif de surcroît : des études supérieures pouvant me permettre de me lancer dans une profession plus tard étaient hors de question. Il ne me restait qu'à apprendre un métier. Je serais d'abord apprenti, puis compagnon, et plus tard, maître. Et c'est ainsi que je gagnerais ma vie.

Parmi les métiers qui existaient dans ma ville, j'ai choisi l'ébénisterie. J'ai signé un contrat avec un maître du nom de Morris Straussman, juif lui aussi, et j'ai débuté mes trois ans d'apprentissage en septembre 1941. M. Straussman employait quatre compagnons et quatre apprentis. Il engageait un nouvel apprenti chaque année ; cet automne-là, j'étais le plus jeune de son atelier. C'est ainsi que j'ai commencé à travailler le bois et à fabriquer des meubles sur mesure et de grande qualité. Tout se faisait à la main, du sciage au rabotage, car nous ne disposions d'aucune machine-outil. Je devais terminer mon apprentissage à la fin du mois d'août 1944, mais l'Holocauste est venu modifier mon plan de carrière.

Pendant ce temps, mon père faisait régulièrement l'objet de réquisitions pour le service de travail obligatoire, mais chaque année M. Papp signait un document stipulant que son entreprise et ses employés devaient être exemptés, car sa minoterie figurait parmi les fournisseurs de l'armée. Et on lui accordait une dérogation. Cependant, les puissances de l'Axe commençant à éprouver des difficultés accrues sur le front de l'Est, de plus en plus de gens ont été appelés sous les drapeaux, sans égard à leur situation. Les Juifs ne pouvaient plus y échapper et continuer à travailler comme avant. C'est pourquoi, quand mon père a été sommé de rejoindre son unité de travail au début de 1943, le document de M. Papp n'a plus suffi à l'exempter. Mais cela n'a pas empêché M. Papp de sauter aussitôt dans sa voiture pour se rendre à la base de recrutement afin de faire libérer mon père, une fois de plus. Et cette fois-là, les choses ont pris un tour plutôt inhabituel. Un cousin de mon père avait été appelé à se présenter à la même base le même jour que mon père. Ignorant que deux Meisels se trouvaient au même endroit, M. Papp n'avait mentionné au commandant que le nom de famille de mon père. M. Papp parti, le commandant s'était rendu compte qu'il ne savait pas de quel Meisels M. Papp avait voulu parler et il avait donc décidé de libérer les deux hommes. Grâce à cette confusion, Paul (Pal, en hongrois) Meisels, le cousin de mon père, a survécu à l'Holocauste. Il est décédé à l'âge de 78 ans à Stockholm, en Suède.

À la fin de 1943, M. Papp a dû obéir aux lois lui interdisant d'employer des Juifs et a été dans l'obligation de licencier mon père. Cet hiver-là, nous avons survécu en effectuant des travaux proposés aux chômeurs par la municipalité. Nous avons eu à tresser dans une sorte paille des couvre-bottes destinés aux soldats hongrois et allemands qui les utilisaient pour protéger leurs pieds des engelures au cœur de l'hiver russe. Nous étions très peu payés, mais au moins, les Juifs étaient autorisés à prendre part à cette initiative. Mes parents, mes jeunes frères et moi effectuions cette tâche quand il n'y avait pas d'autre travail ou pas d'école. Peu après, mon père a trouvé un autre genre d'emploi, toujours auprès de la municipalité : transporter des pierres depuis la gare pour la réparation des routes. C'était un travail extrêmement éprouvant, mais il gagnait assez pour nous permettre de vivre et de nourrir deux chevaux.

Un soir par semaine, je fréquentais une école technique en compagnie de trente ou quarante apprentis dans divers domaines. On nous enseignait les connaissances de base en affaires – des rudiments de comptabilité notamment –, dont nous aurions besoin pour devenir compagnons, puis maîtres. Un des élèves de ma classe me faisait peur. Il s'agissait d'un apprenti boucher du nom de Molnar, d'environ deux ans mon aîné, qui mesurait 1,98 mètre et pesait plus de 90 kilos. Il était membre des Croix fléchées. S'il ne prêtait pas trop attention à moi, il ne manquait jamais une occasion de clamer haut et fort qu'il n'aimait pas les Juifs. J'évitais à tout prix de le provoquer de peur qu'il ne me batte. Or, au cours de l'hiver, un vendredi soir, il a décidé de faire l'intéressant en lançant : « Hé ! Les amis ! Venez voir ! Je vais ficher une sacrée frousse à ce petit Juif ! » Une seconde plus tard, son couteau de boucher volait dans les airs pour venir se planter sur le dessus de mon pupitre, vibrant à quelques centimètres à peine de ma poitrine et de mon visage. Il ne m'a pas battu, non, mais il m'a fait assez peur pour que je veille à me tenir aussi loin de lui que possible.

Molnar était ravi de son coup, des élèves ont ri et applaudi, d'autres sont demeurés silencieux. D'autres encore ont exprimé leur désaccord en me soutenant par des regards, voire plus tard par des paroles, mais ils n'ont rien fait pour l'arrêter. Comme dans la société hongroise en général, notre classe se divisait en deux groupes : celui des antisémites qui s'en tenaient aux mots (des sympathisants qui n'allaient pas jusqu'à passer à l'acte) et la majorité, qui gardait tout simplement le silence. Désireux avant tout qu'on les laisse tranquilles, les gens ne faisaient rien pour empêcher les agressions contre les Juifs.

Un mois ou deux après l'incident du couteau, je rentrais de l'école vers 19 heures un soir, aux côtés d'une douzaine de personnes. Nous habitions à une dizaine de maisons de l'école et j'avais parcouru la moitié du chemin quand un garçon a proposé : « Hé ! Que diriez-vous de vous amuser un peu avec le Juif ? Poussons-le dans la neige ! » Le long des trottoirs, les caniveaux étaient tout enneigés. Ils m'ont donc jeté à terre et ont commencé à me recouvrir de neige. Je ne pense pas qu'ils souhaitaient me faire vraiment du mal, mais simplement rire à mes dépens pour pouvoir raconter ensuite comment ils avaient enterré le jeune Juif dans la neige. Heureusement, l'un des apprentis ramoneurs, Steve, un garçon au bon cœur, n'a pas pris les choses de la même façon. Il a couru chez nous pour prévenir mon père. Quand ils sont revenus tous les deux pour me porter secours, les autres garçons ont déguerpi chez eux. Une fois que mon père m'a eu enfin tiré de là, j'avais la bouche, le nez et les yeux obstrués par la neige. Steve a contribué à me sauver la vie : quelques minutes de plus et je serais sans doute mort étouffé.

Ces petits incidents se sont produits simplement parce que j'étais juif. Mais cet hiver-là, l'apprenti boucher a fait quelque chose de bien plus grave encore. Un soir, alors que mon vieux professeur du _héder_ rentrait chez lui après le travail, un sac de pommes de terre acheté au marché à la main, il est tombé sur Molnar, qui lui a enfoncé un coup de couteau dans le dos et l'a tué net. Pour toute excuse, l'apprenti boucher a fait valoir que ce Juif avait acheté des provisions le soir, privant ainsi la population non juive de nourriture.

Quand les policiers l'ont emmené au poste, personne n'a contesté le fait qu'il avait commis un crime – Molnar ne l'a pas nié non plus, et il y avait des témoins –, mais _la victime n'était qu'un Juif_. Il a sans doute dû y avoir un procès, mais ce criminel n'a pas été incarcéré. On lui a peut-être donné un avertissement, ce qui ne l'a pas empêché de continuer à vivre en ville comme si de rien n'était. Ce meurtre a été le premier geste antisémite tragique commis dans ma ville natale et la communauté tout entière en a été terriblement secouée. Je suis certain que la population non juive a également été touchée, notamment ceux qui ne nous voulaient pas de mal, mais personne n'a osé dénoncer la situation, craignant qu'on s'en prenne à eux aussi. Notre petite communauté juive était tout aussi ébranlée qu'apeurée ; tous se demandaient qui serait le suivant.

Un silence assourdissant

Les troupes allemandes ont envahi la Hongrie le 19 mars 1944 et, quelques semaines plus tard, l'occupant a décrété que les Juifs devaient porter une étoile de David bien en vue sur leurs vêtements, afin que tout un chacun puisse nous identifier comme tels.

Quelle tristesse que mon grand-père ait eu à subir cette humiliation... Ce gentleman aux allures typiquement hongroises, dont les ancêtres étaient nés dans cette ville même et y avaient toujours été respectés, a annoncé qu'il refusait de se laisser avilir, qu'il ne porterait pas l'étoile jaune. Après avoir ruminé la chose pendant quarante-huit heures sans sortir de chez lui, il a été foudroyé par un infarctus et est décédé quelques jours plus tard. Il est mort sans avoir jamais mis ce symbole infâmant sur ses vêtements. On nous a autorisés à organiser ses obsèques et nous avons accompagné mon grand-père au cimetière juif de Nádudvar où, en ce mois d'avril 1944, il a été le dernier de notre confession à y être enterré. Après la guerre, mon père a fait installer une dalle de béton sur sa tombe, impossible à déplacer ou à détruire. Bien lui en a pris, car aujourd'hui, dans cette ville où il n'y a plus aucun Juif, la tombe est toujours intacte. La mort de mon grand-père a été la première véritable tragédie, résultant de la présence allemande, à frapper directement notre famille.

Au début de l'occupation, nous pouvions encore travailler et circuler dans la ville, mais mon employeur et sa femme ont décidé de parer à toute éventualité en stockant quelques denrées de subsistance. Comme bien des Juifs, ils utilisaient de la graisse d'oie pour tout : tartiner le pain, cuisiner, faire de la pâtisserie. Mélangée à de la farine normale, la graisse d'oie servait à épaissir les sauces, tandis que mélangée à de la farine grillée, elle pouvait être utilisée pour faire cuire toutes sortes de plats. Un jour, M. Straussman m'a demandé – à moi, son seul employé juif – de rester après le travail pour l'aider à enfouir un grand contenant de graisse d'oie dans le hangar à bois. Nous avons creusé un trou, puis nous l'avons recouvert de planches pour ne pas qu'on le remarque. Mon maître était certain que tout était en ordre et il savait que je n'en dirais rien à personne.

Quelques jours plus tard cependant, un apprenti du nom de Balazs nous a dénoncés : soit il avait remarqué que la terre avait été remuée dans le hangar, soit il nous avait épiés tandis que nous creusions. Son père avait beau avoir passé son enfance avec mon père, avoir servi dans l'armée avec lui et être lié d'amitié non seulement avec mon père mais avec les Juifs en général, lui, son propre fils, était membre du Parti des Croix fléchées.

Ce soir-là, un vendredi, alors que je passais devant l'hôtel de ville en rentrant du travail, un policier est sorti du quartier général situé tout près et m'a emmené au poste. Après m'avoir fait asseoir, on m'a expliqué clairement que j'avais commis un acte criminel en cachant cette denrée dans le hangar, ajoutant que je méritais mon châtiment, quel qu'il soit. Avant même l'entrée en vigueur des lois antijuives, le gouvernement hongrois avait instauré un régime si policier qu'une personne surprise à voler un simple poulet pouvait être sauvagement battue et en avoir pour des mois, et même des années, à s'en remettre. Maintenant que l'antisémitisme s'implantait encore davantage au pays, les Juifs enfreignant les règles de quelque manière que ce soit risquaient non seulement d'être battus, mais emmenés on ne sait où. Quant à M. Straussman, il s'est vu imposer une lourde amende, mais il ne pouvait la payer. Peut-être a-t-il échappé aux coups en raison de son âge – il avait plus de 60 ans – et de son statut d'artisan très respecté.

Heureusement pour moi, un employé du poste de police, un homme de conscience, a été témoin de mon arrestation et est allé avertir mon père, qui a couru chez M. Papp pour lui demander son aide. Apprenant qu'il était en train de jouer aux cartes au « Club des gentlemen » avec le commandant allemand et le major, mon père s'y est précipité. Une fois sur place, il a demandé à parler à M. Papp de toute urgence. M. Papp est accouru immédiatement, mon père lui a expliqué mon problème et, au bout de dix minutes, j'étais libéré et indemne : M. Papp m'a probablement sauvé la vie ce jour-là.

Vers la fin d'avril 1944, mon père a été appelé à rejoindre une unité de travail forcé le 1er mai. Cette fois, il n'a pu y échapper. Au même moment, comme tous les Juifs de Nádudvar, nous avons été obligés d'abandonner notre maison et d'emménager dans un ghetto. Tous les jeunes non-Juifs nés avant le 31 décembre 1926 ont été enrôlés dans l'armée et tous les jeunes Juifs nés avant cette date ont été envoyés au service de travail obligatoire. Comme j'étais né en février 1927, ces deux mois m'ont sauvé : j'ai pu rester auprès de ma famille dans le Ghetto.

Mon père possédait toujours une charrette et deux chevaux. C'est donc à moi qu'est revenue la tâche de transporter nos possessions et celles de quelques autres familles au Ghetto. Pour pouvoir rejoindre à temps son unité, mon père devait prendre un train à Nádudvar vers midi le 30 avril, ou alors se rendre à Kaba, située à une dizaine de kilomètres sur la voie ferrée principale, et prendre le train de 5 heures du matin le 1er mai. Nous avons choisi la deuxième option, pour qu'il puisse passer le plus de temps possible avec nous. Je suis donc allé le conduire à la gare de Kaba, où je lui ai fait des adieux tristes et angoissés. Je me sentais désemparé. Je n'avais vu mon père pleurer qu'une fois auparavant, à la mort de son propre père. Sur le quai de la gare en ce 1er mai 1944, il a pleuré en me serrant très fort contre lui, puis il m'a dit : « Je ne sais pas ce qui nous attend ; prends bien soin de toi, de ta mère et de tes frères. Et n'oublie pas ta grand-mère. »

De retour à Nádudvar, j'ai commencé à transporter nos affaires au Ghetto, qui consistait tout au plus en une petite douzaine de maisons rassemblées autour de la synagogue et entourées d'une clôture. Comme les communautés juives moins importantes de Kaba, Földes et Tetétlen avaient également été transférées au ghetto de Nádudvar, de 200 à 250 personnes étaient entassées dans cette petite enceinte. Nous cinq, en comptant ma grand-mère, partagions une chambre à coucher de taille moyenne avec deux autres familles. Nous étions très à l'étroit, mais la situation restait néanmoins supportable.

En dépit du surpeuplement et du fait qu'on nous traitait comme des prisonniers (la seule porte du Ghetto était gardée par des sentinelles jour et nuit), la vie a repris un cours relativement normal. Comme j'étais jeune, fort et que je possédais une charrette et deux chevaux, j'étais l'homme tout désigné pour la corvée des ordures et celle du ravitaillement. Je sortais du Ghetto avec les ordures et j'y rapportais les produits de première nécessité. Pouvoir quitter ainsi l'atmosphère quasi carcérale du Ghetto constituait un avantage certain. Parfois, un individu compatissant m'abordait dans la rue et, au risque d'être arrêté, avec toutes les conséquences qu'on peut imaginer, me demandait de passer en contrebande un petit paquet destiné à un ami ou à un voisin pris dans le Ghetto. Parfois, ce petit paquet avait été préparé pour ma propre famille. J'étais en contact avec de bons et honnêtes chrétiens qui, attristés par notre malheur, nous aidaient en me donnant du pain, des pommes de terre ou des haricots que je passais dans le Ghetto avec d'autres marchandises. On ne me soumettait pas à une fouille minutieuse quand je rentrais dans l'enceinte. Les gardes auraient très bien pu m'arrêter, mais ils n'y tenaient pas vraiment. D'après ce que j'ai entendu dire, la plupart des gardes du ghetto de Nádudvar étaient moins cruels qu'ailleurs, même s'ils prenaient une part active à un système qui nous avait forcés à abandonner nos foyers pour vivre dans une quasi-prison, démunis de tout.

Au début de juin 1944, environ un mois après la création du Ghetto, on nous a tous rassemblés sur la place de la synagogue. Les policiers ont étendu une couverture sur le sol, puis nous ont sommés d'y jeter tous nos objets de valeur tels que nos bijoux et nos montres. La seule parure en or que nous possédions était l'alliance de ma mère. Maman m'a soufflé à l'oreille : « Celle-là, ils ne l'auront pas. » Comme nous nous trouvions en bout de file, elle m'a demandé de faire semblant de me rendre aux toilettes extérieures et d'y jeter l'alliance. Ce que j'ai fait. Encore aujourd'hui, je ressens une grande satisfaction en pensant à ce bijou qu'ils n'ont pas pu mettre dans leurs poches.

Après s'être emparés de nos biens de valeur, ils nous ont demandé de rassembler ce que nous pouvions dans des valises et des taies d'oreillers, car nous allions être transférés ailleurs et que les objets que nous emportions devaient subvenir à nos besoins. J'ai emballé ma collection de timbres, que j'avais depuis l'âge de 8 ans. J'en possédais une grande variété, de partout dans le monde, et ma tante m'avait offert un album pour mon neuvième anniversaire. Sans être de grande valeur, ma collection me permettait d'élargir mes connaissances en géographie, en numismatique et en histoire, tout en m'inculquant des compétences en matière de classement et d'organisation. C'était, et c'est encore, un bon passe-temps que j'ai cultivé toute ma vie. Ma mère s'est dépêchée d'empaqueter des vêtements, des photographies de famille et quelques produits alimentaires de base, dont un pot de graisse d'oie qu'elle a placé dans l'une des taies d'oreillers contenant nos biens.

À la fin de la journée, on nous a convoyés à la gare. Je n'étais pas du tout préparé à ce qui nous attendait sur la rue principale. Une foule s'était rassemblée le long des trottoirs et tous ces gens, dont plusieurs douzaines de membres des Croix fléchées, nous criblaient de quolibets, riaient et applaudissaient bruyamment pour exprimer leur joie de voir partir les Juifs. Ils songeaient sans doute déjà au bonheur qu'ils auraient le lendemain à piller nos maisons abandonnées. Derrière eux, des centaines de personnes observaient la scène en silence, réaction qui m'a rempli de douleur et m'a profondément perturbé. Jusqu'alors, j'avais cru qu'ils nous manifesteraient leur soutien.

En Hongrie centrale, aucun groupe ne s'est soulevé contre les nazis et leurs collaborateurs, comme cela s'est fait en Slovaquie et en Pologne. Depuis le début des années 1920, la société hongroise présentait un caractère homogène dans un État policier réglementé, et j'imagine que personne n'osait prendre le risque d'attiser la colère de ces brutes antisémites. Malgré tout, cette passivité de la part des citoyens de notre propre ville nous a porté un coup. La vue de cette foule silencieuse m'a causé un choc dont je ne me suis jamais remis.

Le lendemain matin, nous sommes arrivés à Debrecen, où les policiers concentraient les Juifs provenant des petits ghettos de la région avant de les déporter ailleurs par convois ferroviaires. La plupart de ces centres de rassemblement étaient d'anciennes briqueteries, ou des établissements de même type, situés en bordure de ville. À Debrecen, il s'agissait d'une tannerie, un endroit pire que ne l'aurait été une briqueterie. Comme on y faisait tremper les peaux en plein air dans des cuves d'eau pour faciliter l'enlèvement des poils, il n'y avait que des murs, et pas de plafond car la pluie ou la neige accélérait le processus. Pour les Allemands et leurs associés hongrois, c'était tout ce que nous méritions.

Je ne me souviens plus du nombre de bâtiments à ciel ouvert qui s'y trouvaient, mais de 3 000 à 5 000 personnes étaient entassées en ce lieu. Celui où l'on nous a forcés à nous installer était si bondé que nous ne pouvions que déposer nos biens par terre. Le soir, ma grand-mère et mes petits frères se recroquevillaient sur les bagages pour tenter de dormir. Ma mère et moi restions debout, les pieds plantés parmi eux, nous appuyant l'un contre l'autre pour essayer nous aussi de dormir ou du moins de sommeiller un peu. Il s'est mis à pleuvoir dès le premier soir sur cette foule compressée de façon inhumaine, et cela a duré sans interruption deux jours et deux nuits. Le sol n'était plus que boue; nous étions trempés jusqu'aux os.

Durant la journée, on nous autorisait à nous déplacer à l'intérieur de l'enceinte. J'y ai vu des policiers sadiques à l'œuvre; ils avaient été recrutés dans d'autres régions du pays pour éviter toute forme de clémence à l'égard de personnes qu'ils auraient pu connaître. Ils battaient les gens, les punissaient pour la moindre infraction. Le premier jour, j'ai aperçu l'un des citoyens les plus âgés de ma ville, Louis Angyal, malentendant, faible et presque aveugle, qui marchait avec sa canne blanche au beau milieu de la cour où se trouvaient des wagons de marchandises, portes ouvertes. Alors qu'il se déplaçait d'un pas traînant, un garde lui a crié de s'arrêter, mais comme M. Angyal entendait mal, il a continué à marcher. Après le troisième cri, ils l'ont saisi, l'ont battu et l'ont accroché par les poignets à un coin de la porte ouverte d'un wagon. Il s'est évanoui en l'espace de quelques minutes, mais ils ne l'ont pas décroché. Ils l'ont laissé là pour montrer aux autres ce qui les attendait s'ils n'obéissaient pas à leurs ordres. Ils ont fait cela simplement parce que nous étions juifs.

Le troisième jour, on a annoncé que les familles comptant cinq enfants ou plus devaient se présenter devant la voie de chemin de fer, car on y rassemblait un groupe en vue d'un transport. Nous savions qu'on emmenait les gens ailleurs, mais la propagande gouvernementale démentait toute idée de danger réel. On nous assurait que les rumeurs laissant entendre que les Juifs subissaient des traitements cruels aux mains des nazis étaient fausses et qu'il ne fallait pas y prêter foi. Ils nous ont persuadés qu'on nous envoyait quelque part jusqu'à la fin de la guerre, que nous espérions proche, pour y effectuer des travaux forcés. Cette perspective terrible n'avait rien de réjouissant, mais nous calculions que tant que nous pourrions leur servir de main-d'œuvre, ils nous fourniraient abri et nourriture. N'importe quel endroit nous semblait préférable à cette tannerie où nous manquions de tout. Il faut dire qu'à cette époque, nous ne savions rien du plan d'anéantissement sans précédent et absolument inimaginable des nazis, qui fonctionnait déjà à plein régime à Auschwitz et dans d'autres camps de la mort.

Plus tard, on a appelé les familles avec quatre enfants à se rassembler. L'un de mes meilleurs amis, qui avait quatre frères et sœurs et devait être de ce transport, avait entendu dire qu'ils avaient également besoin de huit autres familles de trois enfants pour remplir leur quota. Il est venu me demander si nous voulions nous joindre à leur groupe. Je suis allé en parler à ma mère, en dépit du fait que ni moi ni personne ne savait où l'on emmenait ces gens et ce qu'il adviendrait de ceux qui restaient. Elle a répondu qu'il valait mieux rester sur place, car ils n'avaient pas appelé les familles de trois enfants.

Il me faut expliquer qu'à cette époque, jamais un jeune de 17 ans n'aurait contredit ses parents. Jusqu'alors, je n'avais à aucun moment remis en question les décisions de ma mère, mais cette fois, je me suis rebiffé: «Nous ne restons pas ici! Nous partons!» Nous nous sommes disputés quelques instants, puis j'ai pris mes affaires et je me suis mis en route. Elle ne pouvait faire autrement que de me suivre. Les nazis avaient déjà emmené mon père vers une destination inconnue et elle n'aurait pas accepté de voir sa famille séparée davantage. J'ignore encore aujourd'hui ce qui m'a poussé à désobéir à ma mère, mais ma révolte été le premier miracle de ma survie.

Au milieu de la matinée, on nous a ordonné de nous mettre en marche. Nous avons traversé la banlieue de Debrecen et, au bout d'une quinzaine de kilomètres, nous nous sommes retrouvés dans un domaine appelé Józsa-Puszta. On nous a ensuite conduits dans un vaste séchoir à tabac où avaient été étalées le long des murs de la paille et des couvertures sur lesquelles nous avons posés nos bagages. Une cuisine commune avait été installée et l'on nous a donné un peu de soupe et quelques denrées de subsistance. Comparé à la tannerie, cet hébergement offrait un minimum de confort. Mais nous n'avons pas attendu longtemps avant de recevoir un nouvel ordre de départ. Quelques jours plus tard, on nous a dit de reprendre nos biens et nous avons parcouru les 500 mètres qui nous séparaient de la voie ferrée, où un train de marchandises nous attendait.

Comme les wagons étaient petits et que nous étions plus d'une centaine, il a fallu qu'on nous pousse et qu'on nous entasse pour nous faire tous rentrer. Nous nous trouvions à nouveau dans les conditions épouvantables de la tannerie, mais pires encore. Certains d'entre nous pouvaient s'asseoir, mais il n'y avait pas assez de place pour s'allonger. Ma famille et moi avons trouvé un petit espace dans un coin ; il était possible de dormir assis ou appuyés les uns contre les autres.

Les portes se sont fermées et le convoi s'est ébranlé pour nous conduire vers une destination inconnue. Dans le wagon clos, sombre et bondé, nous disposions de deux seaux de 25 litres : le premier rempli d'eau à boire, l'autre faisant office de toilettes. L'eau a disparu en un rien de temps, tandis que le deuxième seau a débordé tout aussi vite. Les deux récipients étaient remplacés une fois par jour, quand nous faisions halte dans une gare.

Par la petite lucarne bardée de barbelés qui se trouvait au-dessus de nous, dans notre coin, nous pouvions voir d'après le nom des gares que nous nous dirigions vers Budapest. Je crois que nous y sommes passés le deuxième jour ; ce soir-là, la dernière gare que j'ai vue était celle de Kassa (ou Košice, en slovaque). Chose étonnante, c'est aussi la première que j'ai aperçue le lendemain matin, et de nouveau celle de Budapest. Puis nous avons traversé Győr, dans l'ouest de la Hongrie, et le septième jour, nous sommes arrivés à la ville de Strasshof, en Autriche. Durant toute cette semaine, ma mère nous a donné à chacun quelques cuillérées de farine grillée ; à notre arrivée à Strasshof, nous avions consommé la moitié du pot.

Le camp de transit de Strasshof, situé à environ 25 kilomètres au nord-est de Vienne, était destiné aux déportés qui arrivaient de Hongrie et d'ailleurs. Dès que les portes des wagons se sont ouvertes, des Allemands se sont mis à hurler : « *Raus ! Raus !* » (Dehors ! Dehors !). Alors que je débarquais du train, j'ai vu qu'on sortait plusieurs cadavres des wagons, dont six ou sept du nôtre. Beaucoup de ces personnes étaient mortes durant le trajet en raison du manque d'eau, de nourriture et de ventilation.

Ensuite, on nous a fait entrer dans une grande salle, où tous – enfants, jeunes garçons et filles, mères, grands-mères et grands-pères – ont dû se déshabiller et se diriger, nus, vers des douches, entre deux rangées de gardes SS armés et flanqués de chiens. Ils riaient en nous montrant du doigt. Cette façon de nous traiter a constitué la toute première expérience véritablement déshumanisante que j'ai connue. Nous avons tous été envahis par le sentiment que nous n'étions plus ce que nous avions été. Nous n'étions plus des personnes respectées au sein de nos communautés et possédant une dignité propre, mais un peuple de sous-hommes. Telle était la manière dont les gardes SS nous percevaient. J'étais stupéfié, hébété, comme l'étaient ma mère et ma grand-mère.

Toutes ces lois qui avaient été adoptées en Hongrie depuis un certain nombre d'années pour empêcher les Juifs de vivre librement et normalement, l'occupation allemande elle-même, et l'obligation de porter l'étoile jaune, rien n'avait encore causé autant de dommages psychologiques que cette scène. Il ne s'agissait pas seulement d'une expérience déplaisante moralement et physiquement : j'ai vécu là le plus profond traumatisme de tous, un traumatisme dont je n'ai pu me remettre qu'à ma libération finale, au moment où j'ai compris que j'avais survécu. Personne ne peut oublier une chose pareille.

Un bref répit

Après la douche, on nous a rendu nos vêtements, puis on nous a ordonné d'attendre à l'extérieur, car on s'apprêtait à nous envoyer ailleurs pour travailler. Comparées aux expériences des semaines précédentes, c'était un soulagement. Notre groupe comptait 21 personnes qui appartenaient à quatre familles incomplètes – « incomplètes » parce que presque tous les pères avaient été mobilisés pour les travaux forcés. Nous étions avec les Bleier, une veuve et ses quatre enfants, de Nádudvar ; la belle-sœur de Mme Bleier avec ses trois enfants, de Püspökladány, une ville voisine ; et les sept membres de la famille Leib, de Kaba. M. Leib, qui n'était plus en âge d'être enrôlé, était le seul homme qui avait pu demeurer avec les siens.

Tandis que nous patientions, nous avons constaté qu'on faisait remonter dans le train des gens arrivés par le même convoi que nous. Nous nous demandions tous où ils allaient. Quand nous nous sommes aperçus que notre rabbin respecté, Yisrael Jungreis, et sa femme, tous deux septuagénaires, étaient embarqués de force dans ces wagons, ma mère m'a demandé d'aller leur donner notre pot de farine grillée à moitié rempli ; ils en auraient peut-être besoin. Je me suis précipité vers le wagon où se trouvait le rabbin et je lui ai glissé le pot par la porte entrouverte. Après m'avoir remercié, le rabbin a posé ses mains sur ma tête pour me bénir : « Que Dieu te garde… te bénisse et t'accorde sa grâce… » C'était très émouvant et cela m'a beaucoup touché. À peine avait-il terminé sa phrase qu'un garde SS est arrivé pour fermer la porte d'un coup sec et me chasser de là. Cette scène est restée gravée dans ma mémoire.

J'ai repris ma place auprès de ma famille et peu après, un homme est venu nous annoncer qu'il représentait le propriétaire d'une ferme des environs et que nous devions tous le suivre. À l'époque, j'ignorais à qui appartenait le domaine, mais j'ai appris récemment par un membre de notre groupe qu'il s'agissait de Siegfried Sandler, le plus grand propriétaire terrien des environs. On nous a conduits en camions à une soixantaine de kilomètres au nord de Strasshof, dans une ferme située aux abords d'une petite ville appelée Hollabrunn. Une fois sur place, on nous a installés dans une modeste maison pourvue d'une grande pièce, d'une cuisine et d'un très petit cagibi. Dans la pièce principale, qui nous servirait de dortoirs, on avait disposé deux rangées de couvertures et de paille. La veuve et ses quatre enfants ont pris le cagibi, sa belle-sœur et les trois siens ont pris la petite rangée du couchage, et ma famille et les Leib, l'autre rangée, la grande. Il n'y avait certes que de la paille et des couvertures – aucun meuble –, mais c'était le paradis comparé à l'endroit d'où nous venions.

Sur les 21 personnes de notre groupe, 6 n'étaient pas tenues de travailler : les 5 enfants de moins de 12 ans et ma grand-mère, alors âgée de 66 ans. On nous a expliqué que l'un d'entre nous resterait sur place pour préparer les repas de tout le monde. Les enfants, eux, seraient chargés d'apporter le repas de midi (le principal de la journée) aux autres sur leurs lieux de travail.

Il s'est avéré que la personne qui nous donnait des ordres était le contremaître de la ferme. Il avait la responsabilité de deux autres groupes de travailleurs forcés d'à peu près la même taille que le nôtre, un groupe de prisonniers de guerre soviétiques et un groupe d'Ukrainiennes. C'était un homme relativement gentil bien que sévère et il nous a bien fait comprendre que nous travaillerions de l'aube au crépuscule six jours par semaine et qu'il nous était interdit d'aller où que ce soit. Nous aurions congé le dimanche et nous ne serions pas surveillés pourvu que nous demeurions à la ferme. Il a ajouté que si nous travaillions fort, on nous donnerait assez à manger.

Le groupe a nommé ma mère responsable des repas et elle s'est aussitôt mise à préparer le dîner avec la nourriture disponible. Puis le contremaître nous a demandé, à moi et à l'aîné de la famille Leib, qui avait 17 ans lui aussi, de l'accompagner. Nous travaillerions avec deux bœufs qui ne répondaient qu'à des ordres en allemand. Il fallait donc que nous parlions cette langue couramment. Je l'avais apprise à l'école secondaire, car c'était obligatoire, et j'ai effectivement amélioré ma maîtrise de l'allemand pendant la période que nous avons passée à la ferme. Nous avons réussi à atteler les bœufs à la charrette et à les conduire jusqu'au bâtiment où l'on entreposait les légumes, de façon à pouvoir charger la quantité de pommes de terre, de fèves et de maïs dont nous avions besoin.

Dans la mesure où nous étions autorisés à manger à notre faim, nous étions en bonne santé, ce qui nous permettait de travailler à leur satisfaction. Heureusement pour nous, il y avait des arbres fruitiers – cerisiers, pommiers, poiriers et pruniers – à la ferme, et nous pouvions cueillir autant de fruits mûrs que nous le voulions. Quand les enfants revenaient à la maison après nous avoir apporté nos repas, ils se joignaient à ma mère pour en ramasser le plus possible. Mes frères s'adaptaient à cette nouvelle réalité et, hormis les petits travaux qu'on leur confiait, ils passaient la plus grande partie de leur temps à jouer. Ma mère cuisait une partie des fruits pour en faire des compotes et mettait le reste à sécher. Ne sachant pas si nous travaillerions dans cette ferme jusqu'à la fin de la guerre, ni où nous nous retrouverions si ce n'était pas le cas, elle conservait les fruits séchés pour l'hiver ou pour parer à toute autre éventualité.

Le travail à la ferme, qui a d'abord consisté à biner les champs, s'est avéré éreintant mais, en contrepartie, nous avions assez de nourriture et je dois dire que nos patrons nous traitaient plutôt bien. Malgré notre statut d'esclaves, nous recevions les mêmes rations de pain, de sucre et de viande que la population autrichienne. Ce n'était pas énorme, seulement des produits de première nécessité, mais cela nous donnait l'impression qu'en dépit de notre manque de liberté, nous étions à nouveau considérés comme des êtres humains à part presque entière.

Nous devions partir au travail dès l'aube. Si le champ se trouvait à proximité de la maison, nous nous y rendions à pied, sinon on nous y conduisait en camion. Souvent, aux alentours de midi, des escadrilles alliées passaient dans le ciel au-dessus de nous, transportant des bombes, leurs « cadeaux », qu'elles s'apprêtaient à larguer sur Vienne ou sur d'autres cibles environnantes. Leurs passages étaient très mal vus par la population locale, mais nous, en revanche, nous étions tout aussi ravis de savoir notre déjeuner proche qu'enchantés de voir les instruments de notre libération.

Un jour à midi, une Autrichienne s'est approchée de nous à bicyclette, puis après avoir jeté des coups d'œil inquiets à la ronde, elle nous a soudain lancé un petit paquet. Nous étions abasourdis, d'autant plus qu'en l'ouvrant, nous avons constaté qu'il s'agissait d'un poulet grillé ! Elle avait eu raison de faire preuve de vigilance, car elle aurait pu être sévèrement punie par les autorités nazies. Nous n'avons jamais su qui elle était, mais par ce seul geste, elle a fait preuve d'humanité et manifesté son désaccord avec les nazis et leur façon de nous traiter en esclaves simplement parce que nous étions juifs. Quelques autres actions réconfortantes comme celle-là sont aussi venues témoigner de la présence de gens bienveillants parmi la population autrichienne.

Le dimanche, notre jour de congé, la vie se déroulait assez normalement. Parfois, je mettais de l'ordre dans ma collection de timbres. Tout près de notre ferme se trouvait le grand manoir du domaine et, juste à côté, une gigantesque étable où l'on gardait des animaux de cirque pour les protéger des raids aériens qui menaçaient Vienne. Pendant nos heures de libre, nous avions la permission d'aller voir les éléphants, les tigres, les lions, les singes et les zèbres.

Pour mon plus grand plaisir, une dame de la haute société séjournait au manoir avec sa jolie fille de 16 ans. Après avoir fait connaissance, il nous est arrivé parfois de nous donner rendez-vous pour aller voir les animaux de cirque et nous promener dans le champ de maïs avoisinant, ou pour le simple plaisir d'être ensemble. J'oubliais alors la situation affreuse dans laquelle je me trouvais; je redevenais un adolescent comme les autres. Si sa mère à elle l'avait su, je suis certain qu'elle aurait fait une scène épouvantable. La mienne, par contre, s'en était rendu compte et souriait intérieurement de voir son fils bénéficier d'un répit agréable.

Puis est venu le temps des moissons, un travail très dur. Ayant tous deux gagné en force, le jeune Leib et moi avions reçu l'ordre de participer à la récolte du blé. Un des prisonniers de guerre soviétique conduisait un tracteur auquel était attelée une moissonneuse-lieuse qui fauchait les tiges de blé et les mettait en gerbe. Nous nous tenions assis sur le tracteur tandis qu'il se déplaçait en ligne droite jusqu'au bout du champ, puis lorsqu'il faisait demi-tour pour repartir en sens inverse, nous sautions à terre afin d'enlever les gerbes couchées qui se seraient trouvées sur son passage et protéger ainsi le blé déjà fauché. Parvenus à l'autre bout du champ, nous remontions alors sur le tracteur pour recommencer.

Après avoir passé plusieurs semaines à moissonner, nous avons fini par demander aux hommes forts qui effectuaient les tâches vraiment dures de nous aider à obtenir un transfert pour travailler avec la batteuse. Nous nous sommes d'abord occupés de la paille, ce qui n'était pas difficile, mais elle piquait et nous collait à la peau par temps chaud. Plus tard, nous nous sommes portés volontaires pour aider au transport du blé de la batteuse à l'entrepôt, ce qui signifiait gravir une, deux, parfois trois volées de marches avec des sacs de cent kilos. Ce travail était physiquement éprouvant, mais nous pouvions nous reposer dans la charrette au cours des allers et retours à la ville. Dans les faits, c'était beaucoup moins difficile que de biner ou de moissonner à la main dans les champs.

Cette méthode de récolte était nouvelle pour moi, car en Hongrie les paysans coupaient le blé à la faux. À chaque pas, de leurs mouvements très précis et cadencés, ils fauchaient les tiges des céréales sur un arc de cercle de deux mètres environ tandis qu'une personne à leur suite, habituellement une femme, liait les javelles en gerbes. À Hollabrunn, nous utilisions aussi une machine pour récolter les pommes de terre. Attelée à un tracteur, la récolteuse arrachait les tubercules de la terre et nous devions les ramasser et les mettre dans des caisses.

Nous avons travaillé à la ferme de juin à novembre 1944. Après le blé et les pommes de terre, nous avons ramassé les betteraves sucrières, la dernière récolte de la saison. Nous étions maintenant à la toute fin de novembre. Le temps avait commencé à changer. Malgré la pluie et la boue qui rendaient nos journées de travail de moins en moins agréables, les choses continuaient de se passer relativement bien pour nous. Le jour où la récolte des betteraves sucrières a été terminée – je crois que nous étions le 29 novembre –, on nous a demandé de rassembler nos effets personnels, puis le contremaître nous a reconduits à Strasshof, où il était venu nous chercher en juin.

Nous ignorions tout de ce qui nous attendait. Où nous emmenaient-ils à présent ? Nous avions peur, car nous avions entendu dire par les gens du coin (qui du reste nous adressaient rarement la parole) et par les prisonniers soviétiques que de terribles atrocités étaient commises contre les Juifs. À cette époque, nous ne connaissions pas les camps de concentration ni ce qui s'y passait. Les rumeurs qui nous étaient parvenues du temps où nous étions encore en Hongrie nous avaient semblé invraisemblables. Il nous paraissait impossible que des êtres humains soient capables de tant de violence. Il ne pouvait s'agir que de rumeurs et rien d'autre.

Nous sommes restés très peu de temps au camp de Strasshof, après quoi on nous a fait à nouveau embarquer dans des wagons à bestiaux. Pendant le trajet qui, cette fois, a duré environ cinq jours, nous n'avions que de l'eau et du pain. La prévoyance de ma mère s'est donc révélée très utile, car ces fruits qu'elle avait pris soin de faire sécher ont aidé tout notre groupe à rester en vie. Les quatre familles ont eu droit à des rations égales qui venaient s'ajouter à la nourriture que nous recevions, et tout le monde a veillé à les consommer avec une extrême modération.

Le 7 décembre 1944, notre voyage s'est achevé dans une vaste gare de triage, où l'on nous a ordonné de descendre des wagons et de nous placer en rangs par cinq, comme d'habitude. On nous a ensuite fait parcourir environ cinq kilomètres à pied jusqu'à un grand complexe entouré de barbelés, de miradors et de gardes SS avec des chiens et des mitrailleuses. Nous venions d'arriver à Bergen-Belsen, un camp de concentration.

Le Sonderlager

Le camp de Bergen-Belsen se trouvait à mi-chemin entre Hanovre et Hambourg, dans le nord-ouest de l'Allemagne. Quand nous sommes arrivés aux portes du complexe, en milieu d'après-midi, il faisait un froid cinglant et une pluie mêlée de neige tombait. J'ai pu entrevoir une longue allée principale bordée d'un côté de maisonnettes d'allure agréable – j'apprendrais qu'il s'agissait des logements des gardes –, après lesquelles venaient une cantine et un peu plus loin, un bâtiment sombre pourvu d'une haute cheminée d'où s'élevait une fumée noire. De l'autre côté de l'allée se trouvaient de longs blocs de baraquements séparés par des barbelés, où j'apercevrais plus tard des centaines et des centaines d'hommes et de femmes très émaciés, revêtus d'uniformes rayés et peinant à marcher.

Les gardes nous ont entraînés sur la droite, dans un bâtiment où nous avons dû nous déshabiller et aller aux douches. On nous a ensuite rendu nos vêtements et nos biens, puis notre groupe a été conduit au bloc 11, baraquement F. Les blocs portaient des numéros, les baraquements des lettres. Nous avons bientôt appris que le bloc 11 était appelé *Sonderlager*, le «camp spécial». Nous ne savions pas ce que cela signifiait exactement ni en quoi il était «spécial», mais nous nous sommes vite rendu compte que le simple fait d'être demeurés regroupés était inhabituel; dans les autres camps, les hommes et les femmes étaient détenus séparément. Également, à la différence des autres, nous avons été autorisés à garder nos habits civils : tous les autres détenus de Bergen-Belsen portaient l'uniforme rayé des *Häftlinge* (prisonniers), sans manteau ni autre vêtement chaud. À Hollabrunn, avant de partir de la ferme, ma mère m'avait demandé de sortir mes timbres de leur album et de les mettre dans des enveloppes pour qu'elle puisse les coudre dans la doublure de ma veste. Ces timbres ont survécu avec moi, à l'intérieur de ma veste usée jusqu'à la trame.

Après la libération, nous avons appris que notre situation inhabituelle était due en grande partie à une seule personne : Rezső (Rudolf) Kasztner, un Juif hongrois originaire de Kolozsvár (Cluj, en roumain), une ville de Transylvanie. Grâce à ses efforts, un marché exceptionnel avait été conclu entre certains organismes juifs occidentaux et les officiers SS haut placés Adolf Eichmann et Kurt Becher. De la corruption à la manipulation en passant par la flatterie, tous les moyens ont été bons pour épargner de la mort environ 30 000 Juifs hongrois qui ont été « mis en attente » (selon l'expression d'Eichmann). Le plan était le suivant : ces Juifs seraient expédiés en Autriche comme travailleurs forcés et plus tard échangés contre de l'argent ou des marchandises diverses avant d'être finalement conduits en Suisse, un pays neutre. La seule condition posée par les Juifs – et acceptée par les SS – stipulait que ces déportés fassent partie de familles avec des enfants dont le père avait été réquisitionné pour les travaux forcés. En tant que Juif hongrois, Kasztner ne négociait qu'au nom des Hongrois et, de toute façon, comme la majorité des communautés juives d'Europe avaient déjà été massacrées, seuls les déportés hongrois répondaient aux exigences posées. En fin de compte, ce sont environ 18 000 Juifs qui ont été emmenés en Autriche.

Par une coïncidence intéressante, au moment où ma mère, ma grand-mère, mes frères et moi entrions dans le baraquement, j'ai remarqué la phrase suivante sur un meuble tout usé et couvert de graffitis : « Aujourd'hui, 4 décembre 1944, ils nous emmènent ailleurs, nous ignorons où. Avrom Jungreis, rabbin de Szeged. » Cela avait une signification toute particulière pour nous, car Avrom Jungreis était le fils aîné de notre cher rabbin de Nádudvar, celui qui m'avait béni à Strasshof. Comme il avait le même âge que mon père et qu'il avait grandi avec lui, nous les connaissions très bien, lui et sa famille. Ma mère, ma grand-mère et moi avons souvent reparlé de cette coïncidence par la suite, du fait que nous l'avions manqué de peu à Bergen-Belsen.

Le rabbin Avrom Jungreis et sa famille ont fait partie des quelque 1 700 personnes qui ont été échangées le 4 décembre 1944. Elles appartenaient à un autre groupe dont Kasztner avait négocié la libération. Arrivées à Bergen-Belsen par train en juillet, en provenance de Budapest, elles avaient attendu que toutes les formalités soient réglées avant de pouvoir partir en Suisse. Il était prévu que le train suivant – le nôtre – compte à peu près le même nombre de personnes et qu'elles soient détenues au même bloc en vue d'être échangées plus tard. Avoir fait partie de ces déportés hongrois récupérés dans divers lieux de travail forcé en Autriche a été un autre miracle pour ma famille immédiate et a certainement joué un rôle de premier plan dans notre survie. Mais l'échange de notre groupe n'a jamais eu lieu, notamment en raison de l'avancée des forces alliées et aussi, je crois, d'une rupture des négociations.

Les baraquements, où nous étions 130 à vivre entassés, mesuraient environ 15 mètres de long sur 10 mètres de large, avec d'étroits châlits à trois niveaux poussés les uns contre les autres. Les couchettes, d'une largeur de 75 centimètres, devaient être partagées par deux personnes. Ma mère, mes deux frères et moi dormions à l'étage supérieur, au troisième niveau. Ma grand-mère, âgée et en mauvaise santé, a obtenu une couchette près de l'entrée, parmi d'autres destinées aux personnes qui, comme elle, ne pouvaient grimper sur les châlits. Il n'y avait pas de chauffage et le bâtiment, avec ses minces murs en bois, n'était pas isolé ; si nous laissions une tasse d'eau au pied de notre lit le soir, nous retrouvions un bloc de glace le lendemain matin.

Ce qui m'a le plus marqué au *Sonderlager*, c'était qu'à la différence des détenus des autres blocs, nous n'étions pas obligés de travailler. Chaque jour, qu'il pleuve, qu'il neige ou qu'il gèle, il nous fallait tout de même subir l'*Appell* (appel), c'est-à-dire sortir de nos baraquements et nous mettre en rangs par 5 pour qu'on nous compte, ce qui durait de 10 heures du matin à 14 heures environ.

En face de notre bloc se trouvait un ensemble de bâtiments qui abritaient les cuisines du camp tout entier. Dans l'allée, nous apercevions des gardes SS patrouillant en motocyclettes ou en voiture et des détenus tirant des chariots remplis de denrées destinées aux cuisines, quand il ne s'agissait pas de cadavres empilés les uns sur les autres comme autant de bûches de bois. À notre gauche, comme nous l'avons vite appris, s'élevait le crématoire, qui crachait jour et nuit une fumée noire dégageant une terrible odeur, celle de la chair carbonisée des Juifs, des prisonniers politiques, des Tsiganes et autres êtres humains « indésirables ». À travers les barbelés, il nous arrivait parfois de voir s'écrouler un des hommes décharnés qui tiraient les chariots. Quand cela se produisait, on le déshabillait et on le lançait dans le chariot pour l'emmener au crématoire, mort ou vivant.

S'il n'y avait pas de chambre à gaz à Bergen-Belsen, nous avons cependant appris plus tard que le camp avait la triste réputation d'être l'un des complexes concentrationnaires les plus cruels de tous. Un nombre sans précédent de détenus y sont morts de faim, de maladie, d'épuisement et des coups infligés par les gardes sadiques. De nouveaux détenus arrivaient en permanence, mais la population demeurait plus ou moins stable en raison de tous ces morts. Lorsque le crématoire ne suffisait pas à la tâche, on entassait les cadavres sur une colline proche.

Au *Sonderlager*, nous avions beau recevoir plus de nourriture que les autres détenus du camp, le matin, on ne nous donnait tout de même qu'un demi-litre de liquide brunâtre appelé café qui, par sa tiédeur, avait néanmoins l'avantage de nous réchauffer un peu. À midi, nous recevions une sorte de soupe où surnageaient des pelures de pommes de terre ou de betteraves, et le soir encore un peu d'eau

couleur café. Nous avions également droit à un pain de 25 centimètres pour chaque groupe de 10 personnes ; à ce que nous pouvions
voir, il était fait d'un mélange de sciure de bois, de farine de blé et
de semoule de maïs. Ce pain constituait notre seul aliment véritablement substantiel de la journée. Il est donc devenu extrêmement
important de découper la miche en tranches parfaitement égales, car
la famine faisait aussi des ravages au *Sonderlager*. Nous ne pouvions
prendre le risque que les détenus s'entretuent, persuadés dans leur
désespoir qu'un d'entre eux avait reçu plus de pain que les autres.
Quelqu'un a donc fabriqué une sorte de couteau capable de faire des
tranches égales, d'exactement 25 millimètres d'épaisseur.

Comme j'avais été apprenti ébéniste avant notre déportation et
que j'avais donc appris à mesurer et à couper de manière convenable,
je me suis porté volontaire pour trancher le pain. Cette tâche m'a
conféré un statut de personne importante dans le baraquement et les
quelques miettes (très rares, bien entendu) qui restaient sur la table
après le tranchage constituaient ma récompense. Je savais néanmoins très bien que je risquais d'être lynché à la moindre erreur.
Heureusement, tout le monde semblait satisfait. Effectuer ce travail
important a même contribué à ma survie.

Dans notre bloc, la vie (si on peut appeler « vie » la condition de
détenu privé de toute dignité humaine) a poursuivi son cours, mais
en raison de notre régime de famine, nous nous affaiblissions de jour
en jour. Si nous avons pu tenir le coup c'est grâce à la bonne quantité
de nourriture que nous avions consommée lors de notre séjour à la
ferme : nous en sommes partis plus forts et plus résilients, moins susceptibles que les autres aux effets dévastateurs de la faim. Les morceaux de fruits séchés que ma mère nous donnait au compte-gouttes
ont aussi contribué à notre mieux-être. En en consommant très peu
par jour, nous sommes parvenus à faire durer notre provision pendant quelques mois. Il en a résulté que, lorsque nous avons quitté le
camp, nous pouvions tous les cinq encore nous déplacer sans aide
malgré notre état de grande maigreur.

Il est vite apparu évident que nous étions mieux traités au *Sonderlager* que partout ailleurs dans le camp. Nous étions les témoins de l'extrême violence physique que subissaient les détenus de l'autre côté des barbelés. Ils étaient battus régulièrement, sans raison, simplement pour satisfaire les caprices des gardes. Ils recevaient des coups de crosse ou de matraque, quand ils n'étaient pas sommairement exécutés, parce qu'ils n'étaient plus en mesure d'effectuer le travail qu'on leur avait ordonné de faire.

Nous étions également plus libres de nos mouvements qu'eux après l'extinction des feux à 22 heures, et nous étions autorisés à quitter le baraquement pour nous rendre aux latrines. Une nuit de décembre 1944, à *Hanoukkah*, des jeunes hommes de notre bloc, sous prétexte de se rendre aux latrines, sont venus à notre baraquement, près de la fenêtre proche de nos couchettes, pour entonner des cantiques de circonstance et autres chants hébreux – *Maoz Tsour, Hatikvah* et *Tumbalalaïka*, avec son refrain répétitif, ou encore *Techezakna*, dont les paroles étaient traduites en hongrois. Ce dernier chant évoque le temps où tous les *haloutzim* dispersés dans le monde se retrouveront en terre d'Israël et qu'un drapeau juif flottera au-dessus de Jérusalem. La plupart d'entre nous, moi y compris, ne connaissions pas cet air. Quand tout autour de nous n'était que désespoir, entendre des paroles aussi enthousiasmantes et réconfortantes a été une expérience inoubliable et de toute beauté. Encore aujourd'hui, j'en ai la chair de poule quand j'y repense.

À l'approche de Noël, les enfants de notre bloc ont reçu l'ordre de se présenter au baraquement du commandant, où on leur a offert de petits morceaux de chocolat ou de petits sacs de biscuits que la Croix-Rouge avait fait parvenir dans des colis. Encore une fois, nous avons découvert que ces cadeaux n'étaient destinés qu'à notre bloc. Les enfants, bien sûr, sont toujours heureux de recevoir des cadeaux, mais dans les circonstances si particulières du camp, cela signifiait bien davantage : la possibilité pour eux de vivre un peu plus longtemps.

Au fil du temps, notre résistance mentale s'effilochait à mesure que nos conditions de vie se détérioraient. Un jour de la fin décembre, durant un *Appell*, j'ai remarqué une bestiole qui grimpait sur le dos de la personne devant moi. Quand j'ai demandé, tout bas, à mon voisin : « Qu'est-ce que c'est que ça ? », il m'a répondu : « Oh ! C'est un pou. » Dépourvus comme nous l'étions de toute installation sanitaire digne de ce nom, la propagation des poux était inévitable, et les poux provoquent le typhus, une maladie mortelle qui s'est rapidement répandue dans le bloc. Bientôt, plusieurs détenus n'ont plus été capables de se lever pour se rendre à l'*Appell*, tandis que d'autres ont commencé à s'effondrer une fois sur place. Ces derniers étaient emmenés pour disparaître à jamais. Chaque jour, ma mère insistait pour que nous passions un long moment à chercher les lentes et à les écraser entre deux ongles pour réduire les risques de propagation. Par chance, nous sommes tous parvenus à échapper au typhus.

Il s'est passé tant de choses durant ces mois terribles que je ne peux qu'évoquer quelques-uns des incidents dont j'ai été témoin. Quand il n'y avait pas de corvées après l'*Appell*, nous étions habituellement autorisés à nous promener à l'intérieur du bloc. Un jour que je me tenais près d'une clôture de barbelés, j'ai vu un groupe de détenus qui poussaient vers les cuisines un chariot rempli de betteraves. Soudain, quelques-unes sont tombées du chariot – peut-être un détenu l'avait-il secoué « accidentellement » ou peut-être une des roues avait-elle heurté un caillou – toujours est-il que l'une d'elles a roulé vers moi. Je l'ai ramassée et je l'ai cachée sous ma veste pour l'apporter à ma mère.

Par chance, aucun garde ne m'a vu faire. J'avais tellement faim que je n'avais même pas songé à ces occasions où j'avais vu des prisonniers se faire tuer en de semblables circonstances. De voir la betterave si près de moi *m'obligeait* à la prendre. Coupée en petits morceaux et mangée crue, elle nous a duré quelques jours et s'est avérée salutaire pour nous cinq. Toutefois, nous souffrions d'une telle carence en vitamines que beaucoup d'entre nous, moi y compris, ont été atteints de scorbut, avec ses plaies caractéristiques. J'en ai encore des cicatrices aux jambes.

Le soir de mon dix-huitième anniversaire, le 20 février 1945, j'ai été témoin de quelque chose d'extrêmement perturbant. Peu après le couvre-feu de 22 heures, nous avons entendu des cris atroces provenant de l'extérieur de notre baraquement. Je me suis approché de la fenêtre et en soufflant sur la vitre, j'ai fait un petit rond dans le givre pour voir le bloc voisin, situé à environ un mètre du nôtre. On était en train d'entasser un grand groupe de détenus, déjà tous au bord de l'effondrement, à coups de crosse et de matraques incrustées de sortes de clous. Cette scène est restée gravée dans ma mémoire et a hanté beaucoup de mes cauchemars. Tout près de moi, un garde SS frappait sauvagement un homme avec sa matraque cloutée. Ce dernier s'est finalement effondré, mais le garde lui a crié de se relever. Constatant que le détenu ne pouvait plus se tenir debout, le garde a continué à le battre jusqu'à ce que sa victime rende l'âme sur place. Nous avons appris plus tard que ces hommes venaient de parcourir des milliers de kilomètres à pied, en plein hiver, à partir du camp de Bor, en Yougoslavie, où ils avaient travaillé dans des mines de cuivre. Je raconte cette histoire aux élèves qui visitent l'*Holocaust Centre* de Toronto pour expliquer qu'ils doivent veiller à ce que ces gestes de haine surgis de mon passé ne se reproduisent jamais plus.

Je me souviens néanmoins d'un autre garde SS qui était tout l'opposé. Il ressemblait à Popeye avec sa pipe toujours à la bouche. Il avait même les traits du personnage. Tous les soirs, ce garde venait dans le baraquement à 22 heures pour éteindre les lumières et nous ordonner de rejoindre nos couchettes. Dès qu'il entrait dans le baraquement, il se mettait à hurler et à jurer après nous, mais ce faisant, il donnait de petites tablettes de chocolat aux enfants. Au milieu de toute cette inhumanité, certaines personnes étaient encore animées de sentiments humains et capables de les exprimer.

～

À la fin de février 1945, on nous a transférés du bloc 11 au bloc 37, baraquement c. Ma grand-mère s'étant affaiblie très rapidement, au point
de ne plus pouvoir se déplacer sans aide, elle a été emmenée ailleurs,
dans un baraquement qui tenait lieu d'hôpital. On n'y recevait ni
médicaments ni suppléments de nourriture, mais quelques médecins
et infirmières volontaires tentaient d'alléger les souffrances de ceux
qui ne pouvaient plus prendre soin d'eux-mêmes. Tous les malades
mouraient très vite, et ma grand-mère a connu le même sort. Je l'en-
tendais à peine quand j'approchais mon oreille de sa bouche. J'ai su
plus tard qu'elle est décédée deux jours après notre départ du bloc.
Étant donné notre situation, il nous a été impossible d'observer la
période de deuil traditionnelle. Quiconque perdait un membre de sa
famille éprouvait bien sûr du chagrin, mais nous devions tous nous
concentrer sur les moyens de survivre un jour de plus, de nous réveiller vivant le lendemain.

Le bloc 37 se trouvait à l'extrémité de l'allée centrale, juste en face
du crématoire. Désormais, nous nous trouvions donc très près de
cet endroit qu'on alimentait sans relâche avec les cadavres qu'apportaient les détenus toujours « vivants », ou du moins qui pouvaient encore tenir debout. J'ignore pourquoi on nous avait déplacés dans ce
bloc. À la réflexion, il s'agissait sans doute d'une question d'espace,
le bloc 37 étant plus petit que le bloc 11 où on pouvait enfermer 5 000
détenus. Comme à ce moment-là, 2 000 personnes de notre groupe
avaient rendu l'âme, notre nombre ne nécessitait peut-être plus un
endroit aussi grand. En plus de jouxter le crématoire, le bloc 37 avoi-
sinait un champ où l'on empilait les cadavres quand le crématoire ne
suffisait pas à la tâche. Lorsque nous avons quitté Bergen-Belsen, le
tas dépassait la hauteur de notre baraquement.

Dans nos nouveaux quartiers, on m'a demandé de continuer à
trancher notre ration de pain quotidienne. Un jour, en milieu de
matinée, un garde SS est arrivé dans notre baraquement et s'est mis
à aboyer des ordres en direction d'un jeune homme, exigeant qu'il le
suive pour aller à la corvée de latrines. Puis il m'a aussi montré du

doigt. Le chef de notre baraquement lui a alors expliqué : « Monsieur, cet homme est chargé d'une tâche importante ici : il tranche le pain tous les jours. Pourriez-vous prendre quelqu'un d'autre ? » Au lieu de battre notre chef parce qu'il avait osé s'adresser à lui, le garde a simplement haussé les épaules, puis a désigné un autre détenu.

Pour vider les latrines, il fallait se déshabiller et sauter dans le trou avec un seau que l'on remplissait avant de le passer à quelqu'un d'autre qui chargeait son contenu dans un chariot. Les détenus trop faibles pour effectuer ce travail s'effondraient souvent dans la fosse et se noyaient dans les excréments. Quand cela se produisait, on mettait simplement leurs cadavres dans le chariot avec les autres. Le jeune homme qui a été affecté aux latrines à ma place n'est jamais revenu. A-t-il été abattu parce qu'il n'était pas capable de faire son travail ? A-t-il été de ceux qui se sont effondrés, puis noyés ? Nous ne l'avons jamais su. J'aurais pu être cette personne et mourir dans la fosse. Comme je l'ai mentionné précédemment, je n'ai réussi à survivre à cet enfer sur terre que grâce à des miracles tout aussi imprévisibles qu'inexplicables.

Nous nous affaiblissions de jour en jour. Nos corps se détérioraient, et nos vêtements aussi. Mon pantalon n'était plus que lambeaux. Ma mère m'en a donc confectionné un autre dans des sacs de pommes de terre provenant des cuisines, et qui avaient abouti dans notre baraquement je ne sais comment. En dépit de son peu d'épaisseur, ma veste tenait toujours en un seul morceau et les petites enveloppes de timbres étaient encore bien cousues à l'intérieur. Nous, les vivants, pouvions cependant garder l'espoir d'être libérés, car d'après les rumeurs qui commençaient à circuler, la guerre touchait presque à sa fin. Chose certaine, les bombardiers alliés passaient au-dessus de nos têtes à une fréquence accélérée, et souvent, nous entendions de sourds grondements, qui provenaient soit de bombes qui explosaient, soit de tirs d'artillerie indiquant que le front se rapprochait.

Le matin du 7 avril 1945, on nous a ordonné de rassembler nos biens et de nous mettre en rangs devant notre baraquement. Nous

nous sommes vite rendu compte qu'on nous faisait sortir du camp par la même route que nous avions empruntée quand nous y étions arrivés. J'ai appris plus tard qu'en raison de la tournure que prenait la guerre, les Allemands avaient décidé de nous conduire au camp de concentration de Terezín, encore sous contrôle nazi. À ce moment-là, ils gardaient toujours espoir de négocier notre échange avec les Alliés.

À peine quatre mois auparavant, nous avions eu la force de marcher jusqu'au camp, mais désormais affamés et squelettiques, nous ne pouvions que nous traîner pour sortir. Le destin ou la volonté de Dieu a fait en sorte que, comme nous étions dans le baraquement c et que les SS procédaient par ordre alphabétique pour vider le bloc, nous nous sommes retrouvés à l'avant de la colonne. Cependant, nous étions très affaiblis et, à mesure que nous avancions, nous perdions peu à peu du terrain par rapport au reste de la colonne. Bientôt, nous nous sommes retrouvés au beau milieu des groupes suivants. Comme ma mère et moi étions plus amoindris encore que mes deux jeunes frères, certains de nos camarades de baraquement ont offert de s'occuper d'eux et de nous ménager une place dans un wagon; ils avaient en effet remarqué que nous nous dirigions vers la gare de triage par où nous étions arrivés il y a quatre mois de cela. Au moment où nous serrions mes frères dans nos bras pour leur dire au revoir, au cas où nous serions séparés, nous avons entendu des coups de feu. En tournant la tête, nous nous sommes rendu compte que des détenus venaient d'être abattus parce qu'ils ne marchaient pas assez vite. Au fil des quelques heures qui ont suivi, ma mère et moi avons tout de même dû nous arrêter à plusieurs reprises pour nous reposer avant de pouvoir poursuivre notre route. Nous avions entrepris la marche à 7 heures du matin et vers 13 ou 14 heures, nous avons commencé à voir la colonne s'amenuiser, car le dernier groupe était déjà passé. Je ne sais comment nous y sommes arrivés, mais nous avons réussi à gagner la gare de triage. Nous étions parmi les derniers à le faire. Si nous avions commencé la marche au milieu de la colonne, nous aurions sans conteste été exécutés. Les gens qui avaient accompagné mes frères ont été surpris de nous revoir. Ils ne pensaient pas que nous parviendrions à destination.

Avant de monter à bord du wagon où attendaient mes frères, soulagés de me savoir en vie, j'ai remarqué que tout près, sur une autre voie, il y avait un wagon ouvert rempli de betteraves. Des gens de notre groupe étaient déjà en train d'en voler quelques-unes. J'ai alors demandé à ma mère de vider l'une de nos taies d'oreiller de son contenu, puis je me suis traîné jusqu'au wagon pour prendre autant de betteraves que je pouvais en attraper – une demi-douzaine peut-être – et j'ai repris le chemin de notre wagon. Arrivé à la voie jouxtant la nôtre, j'ai vu un garde SS, de dos, saisir sa mitraillette pour abattre un petit garçon d'une dizaine d'années qui tenait une betterave à chaque main. Aux yeux des SS, le vol de deux betteraves méritait la peine de mort. J'ai prestement remis mon butin à quelqu'un qui l'a passé à ma mère, de sorte que lorsque le garde SS s'est retourné, il m'a vu debout, les bras ballants. Il m'a simplement hurlé l'ordre de grimper dans le wagon sur-le-champ, ce que j'ai fait. S'il avait tourné les talons 10 ou 15 secondes plus tôt, j'aurais connu le même sort que ce petit garçon.

Une fois refermées les portes du wagon, qui était surpeuplé comme à l'habitude, le convoi s'est ébranlé vers une destination in-connue. Nous sommes restés dans ce train six jours sans recevoir aucune nourriture ou presque, nous alimentant essentiellement de ces betteraves. Tout au long du trajet, principalement durant la nuit, mais aussi de jour, nous entendions passer les avions alliés.

En plus de nos 16 wagons à bestiaux, le convoi comptait une voi-ture ordinaire de passagers pour les officiers et les gardes SS, ain-si que trois wagons ouverts sur lesquels étaient montés des canons antiaériens – un à l'avant, un au milieu et un à l'arrière. Les canons tentaient d'abattre les bombardiers alliés, mais heureusement, au-cune bombe n'a touché notre train. À l'époque, nous pensions qu'il s'agissait d'un miracle, mais après notre libération, j'ai entendu dire – mais je n'en ai jamais eu confirmation – que les Alliés savaient qui était dans ce train parce qu'ils avaient commencé à photographier notre convoi dès notre départ de Bergen-Belsen.

Au cinquième jour de notre voyage, dans l'après-midi du jeudi 12 avril, nous nous trouvions à une quinzaine de kilomètres de Magdebourg, une ville située sur les rives de l'Elbe, à peu près à mi-chemin entre Berlin et Hanovre. Le convoi s'est arrêté au beau milieu d'un virage, juste avant un pont enjambant le fleuve. En soi, cela n'avait rien d'inhabituel, car il y avait des feux rouges le long de la voie et le train devait les obéir. Cette fois pourtant, au lieu d'un bref arrêt, le train est resté immobilisé. Nous avons découvert par la suite que les nazis avaient conçu un nouveau plan : placer le train sur le pont et le faire sauter, de façon à nous tuer tout en freinant l'avancée des Alliés. D'une manière ou d'une autre cependant, le conducteur du train et son second avaient eu vent de ce projet. Ayant sans doute entendu, tout comme nous, le grondement des explosions provenant de la ligne de front, les deux hommes avaient probablement compris eux aussi que la fin de la guerre était proche. Pour sauver leur peau, ils avaient sauté de la locomotive à l'arrêt, abandonnant le train et son chargement.

Après un temps, les gardes ont ouvert toutes les portes, puis le commandant a ordonné aux garçons et aux hommes de 12 ans et plus de descendre des wagons et de se placer sur le talus qui bordait la voie ferrée. Ensuite, tandis que nous nous tenions tous devant nos wagons respectifs, où se trouvaient toujours les membres de nos familles, une mitrailleuse a été installée devant chaque wagon. Mais, curieusement, certaines d'entre elles n'avaient pas de tireur en poste. Nous sommes demeurés devant ces mitrailleuses, face à notre mort, durant quelques heures, puis, sans raison apparente, on a retiré les armes et l'on nous a ordonné de remonter dans nos wagons.

Encore aujourd'hui, j'ignore ce qui s'est passé au juste, mais en me fondant sur de simples ouï-dire, il semblerait que dû au chaos de la fin de la guerre, il n'y avait plus personne pour autoriser ces exécutions. Il fallait que le commandant et les gardes décident de leur propre chef. Fort heureusement pour nous, seulement huit gardes

SS s'étaient déclarés volontaires. Le commandant n'a donc pas osé mettre son plan en œuvre avec si peu d'hommes. Il est bien triste d'avoir à préciser que tous ces volontaires étaient de violents antisémites originaires de la Hongrie, notre pays natal.

Cette nuit-là, une bataille aérienne féroce s'est jouée autour et au-dessus de notre train. Les balles fusaient, les bombes tombaient, les explosions secouaient les wagons, mais encore une fois, notre convoi a été épargné. À l'aube, la première chose que nous avons remarquée, c'est qu'il n'y avait plus un seul garde SS en vue : ils avaient fui durant la nuit, nous abandonnant à notre sort, c'est-à-dire à notre salut. Il y a des choses que je ne peux pas expliquer, que personne ne peut expliquer, mais il m'a semblé que Dieu veillait sur nous et accomplissait ces miracles.

Les anciens détenus allaient et venaient autour des wagons, discutant de ce qui venait de se passer. En milieu de journée, j'ai fait un feu de brindilles pour faire bouillir quelques-unes des betteraves qui nous restaient. Au moment où je mettais le récipient sur le feu, nous avons entendu un grand cri. En me hissant sur le talus, j'ai aperçu des soldats américains sales et suants – les plus beaux êtres humains que l'on puisse imaginer –, leurs armes en joue. Mais, à la place de l'ennemi, c'est nous qu'ils ont trouvés, et ils ont entendu nos cris : « Oh ! Mon Dieu, nous sommes libres ! Libres ! Libres et dignes, enfin ! »

Nous avons été libérés près du village de Farsleben, à une vingtaine de kilomètres de Magdebourg, le vendredi 13 avril 1945, vers 13 heures (c'est pourquoi, depuis lors, je dis que le vendredi 13 est mon plus grand jour de chance). Je me souviens de mes allers et retours entre ce récipient de betteraves et la porte du wagon, disant et redisant en pleurant à ma mère et à mes frères que nous étions libres. Ce sentiment, je ne pouvais et je ne peux toujours pas l'exprimer en mots. Soixante ans se sont écoulés depuis, mais chaque fois que je repense à ce moment, j'en ai encore des frissons. Ces soldats de la 9e armée américaine ne nous ont pas seulement libérés, ils nous ont rendus à la vie.

La libération

La première chose que les soldats américains nous ont annoncée, c'est que nous étions réellement libres. Puis, ils ont invité tous ceux qui pouvaient le faire à les suivre. On nous a aidés, mon frère George, 11 ans, et moi, à gravir le talus, où nous avons pu voir une route menant à une petite ville située 300 mètres plus loin. Les Américains avaient déjà ordonné à tous les habitants de quitter leur domicile, si bien que ces derniers se trouvaient dans leur jardin, leur grange ou dans d'autres bâtiments sur leur propriété.

Les soldats nous ont annoncé que nous pouvions prendre ce que nous voulions chez ces personnes. L'un d'eux m'a montré une armoire remplie de beaux complets en me faisant signe de choisir celui qui me plairait. L'odeur d'un délicieux repas nous parvenait de la cuisine. J'ai vu des plats remplis de nourriture. De la nourriture normale, destinée à des êtres humains! Les gens avaient dû être en plein repas lorsqu'on les avait fait sortir. George et moi avons immédiatement commencé à nous empiffrer, puis nous avons rempli des contenants de nourriture. J'ai également trouvé un pot de deux ou trois litres de beurre de pruneaux que j'ai rapporté à ma mère et à Frank. Ils se sont mis à manger sur-le-champ, mais ma mère, intelligente et n'ayant rien perdu de son sens pratique, s'est retenue en enjoignant mon jeune frère d'en faire autant. Quant à George et à moi, elle ne nous a pas permis d'avaler quoi que ce soit d'autre, car nous lui avons dit avoir déjà mangé.

Ce soir-là, beaucoup de ceux qui s'étaient gavés de toute cette nourriture, y compris George et moi, ont été gravement malades. Ma mère nous a aussitôt fait vomir en nous mettant le doigt dans la gorge pour nous soulager l'estomac, et ce faisant, elle nous a sauvé la vie. Malheureusement, environ 200 des quelque 2 500 personnes qui se trouvaient dans notre convoi n'ont pas été aussi prévoyantes que ma mère. Ces personnes sont mortes, parce que leur corps n'était pas en mesure de digérer la quantité de nourriture ingurgitée durant les jours qui ont suivi notre libération. Ignorant le terme médical correspondant à cette réaction, nous appelions cela le typhus de la faim ou le typhus de la famine, car les gens mouraient aussi vite et en aussi grand nombre que dans les camps de concentration. On a créé un cimetière dans la ville voisine, Hillersleben, pour ces malheureuses victimes, dont la mort était d'autant plus tragique qu'elle survenait juste après la libération.

Le lendemain, les soldats nous ont conduits à Hillersleben, une communauté huppée qui avait accueilli les familles des officiers allemands de haut rang. On avait également ordonné à ses habitants de quitter leurs maisons, exactement comme nous avions dû le faire quand on nous avait entassés de force dans les ghettos, et c'est dans ces maisons qu'on nous a installés. Nous y sommes restés plusieurs mois, le temps que le corps médical américain remette patiemment nos systèmes digestifs en état.

L'armée américaine s'est ensuite attelée à la tâche fastidieuse de nous identifier tous autant que nous étions. Ils ont noté avec minutie tous les renseignements personnels de chacun pour établir d'où nous venions et qui des membres de nos familles avait aussi survécu. J'ai toujours en ma possession le certificat délivré par la 9e armée américaine sur lequel on avait agrafé une photographie de moi prise quelques années auparavant.

Le hasard a voulu que l'aumônier juif de cette division de la 9e armée soit un rabbin originaire de New York qui s'appelait aussi Meisels. Quand il a vu notre nom sur la liste des survivants libérés, il est venu nous rendre visite. Même si je ne connaissais pas un mot d'anglais, je parlais assez bien allemand pour tenir une conversation avec lui. Le rabbin Meisels, qui pratiquait la généalogie comme passe-temps, désirait ardemment apprendre ce que nous savions des origines de notre famille. En nous fondant sur les histoires que nous avait racontées mon père, ma mère et moi avons été en mesure de lui dire que sept générations avant nous, dans la seconde moitié du XVIIIe siècle, à Munkács, au nord-est de la Hongrie (une région qui avait appartenu à la Tchécoslovaquie pendant l'entre-deux-guerres et qui fait maintenant partie de l'Ukraine) vivait une famille Meisels très pauvre qui comptait plus de bouches à nourrir que de nourriture disponible. Parmi les nombreux enfants, il y avait six ou sept garçons, et comme bien des gens de la région à l'époque, ils ont décidé de s'embarquer pour l'Amérique dans l'espoir d'un avenir meilleur.

Constatant que nous avions piqué sa curiosité, nous avons continué notre récit en lui expliquant que les pauvres avaient coutume de passer de ville en ville pour offrir leur travail un jour ou deux en échange du gîte et du couvert. Dans le cas des Juifs orthodoxes, s'ils arrivaient à un endroit un vendredi soir, ils se rendaient à la synagogue et, à la fin du service, comme le voulait l'usage, les familles les invitaient chez eux pour le shabbat. Le dimanche, après les prières du matin, ils reprenaient la route en direction d'une autre ville.

Les frères Meisels ont atteint Nádudvar, au centre-nord de la Hongrie, et ils avaient l'intention de poursuivre leur route jusqu'à Trieste, en Italie, le port le plus proche. De là, les voyageurs offraient le plus souvent de travailler sur les navires en échange de la traversée. Un dimanche matin, cependant, un des frères a annoncé aux autres qu'il venait de tomber amoureux de la belle jeune fille de la maison où il avait été accueilli pour le shabbat et qu'il comptait demander sa main à ses parents. Il avait trouvé son «Amérique»! Il restait. Cet homme était l'arrière-arrière-grand-père de mon arrière-grand-père. Quant aux autres frères, ils avaient poursuivi leur chemin jusqu'en Amérique comme ils avaient prévu de le faire. Le rabbin apprenait tout cela avec grande joie, car mon récit correspondait aux résultats de ses recherches. Il était lui aussi un descendant de ces frères Meisels. Malheureusement, nous l'avons perdu de vue par la suite, malgré les efforts que j'ai faits pour retrouver sa trace.

Quand la guerre a pris fin officiellement, en mai, et que l'Allemagne a été divisée en quatre zones alliées, Hillersleben s'est retrouvée en zone soviétique. Le rabbin Meisels nous a invités à l'accompagner à New York, où il nous aiderait à immigrer aux États-Unis. Beaucoup de survivants rêvaient de ce genre d'offre, mais nous ne pouvions l'accepter, car nous ignorions encore tout du sort de mon père. Était-il toujours en vie ? Nous devions retourner en Hongrie pour faire nos recherches.

Cette décision a été tout aussi déterminante pour notre avenir que celle que j'avais prise quand j'ai poussé ma famille à monter dans le train qui nous a conduits en Autriche plutôt qu'à Auschwitz. Avec le recul, je constate toutefois que ce choix n'était pas des plus rationnels non plus, car si mon père avait survécu, il aurait trouvé le moyen de nous rejoindre en Amérique. Et dans le cas contraire, quelle raison avions-nous de rentrer en Hongrie ? Nous y avions vécu toute notre vie en honnêtes citoyens, ce qui n'avait pas empêché une grande partie de la population de se retourner contre nous et de collaborer avec les nazis à notre assassinat. Le sort a voulu que nous nous installions effectivement en Amérique du Nord par la suite, mais quelle aurait été notre existence si nous avions émigré plus tôt ? Personne ne le saura jamais.

En août, les Soviétiques ont organisé notre retour en Hongrie. Mais le voyage a été pénible. Ils nous ont certes fait monter dans des voitures de passagers au lieu de wagons à bestiaux, mais quelque part à l'ouest de Dresde – que j'ai été ravi, je l'avoue, de voir détruite –, on nous a fait descendre dans une petite ville pour je ne sais quelle raison, puis on nous a logés temporairement dans des greniers ou des granges jusqu'à l'arrivée d'un nouveau train.

Dans le grenier où nous nous sommes retrouvés, nous avions la compagnie de quelques jeunes rescapées du camp de concentration de Ravensbrück et, parmi elles, se trouvait Magda Friedman, une cousine germaine de mon père. Un membre de notre famille élargie avait survécu ! Nous avons poursuivi le voyage avec Magda, une jeune célibataire tout aussi impatiente que nous d'arriver en Hongrie pour connaître le sort des siens. Tout ce qu'elle savait, c'est que ses parents avaient été enfermés dans le ghetto de Budapest et que son frère avait pris le chemin d'un camp de travail forcé.

Le matin du 10 septembre 1945, le jour du douzième anniversaire de mon frère George, notre train s'est immobilisé dans une gare de triage en banlieue de Budapest et ma cousine et moi sommes allés téléphoner au bureau de la compagnie des chemins de fer. Quand Magda a composé le numéro de téléphone de ses parents, ils ont répondu ! Ils avaient survécu à l'Holocauste dans le ghetto de Budapest et avaient été libérés en janvier. Et les merveilleuses nouvelles ne se sont pas arrêtées là. Elle leur a expliqué qu'elle se trouvait avec nous, que nous étions tous ensemble, et ils lui ont annoncé que mon père figurait également parmi les rares survivants ! Il était déjà de retour à Nádudvar. Ils allaient tout de suite lui envoyer un télégramme pour lui faire savoir que nous étions en route et devions le rejoindre sous peu.

Contrairement à nous, qui n'avons appris la bonne nouvelle qu'une fois parvenus à Budapest, mon père savait depuis le mois de mai que nous avions survécu, grâce à la Croix-Rouge et à des organisations juives. Il attendait impatiemment que nous le contactions. Le jour où le télégramme est arrivé, il travaillait aux champs. Quand il a vu son beau-frère, Sandor Grosz, se dépêcher à bicyclette pour le rejoindre, il a crié : « Alors, ça y est, ils sont de retour ? » Mon père a alors emprunté la bicyclette de Sandor, lui laissant ses chevaux, puis a sauté dans le premier train pour venir à notre rencontre chez sa tante à Budapest.

Il n'y a pas de mots pour décrire la joie de nos retrouvailles, ce sentiment de constater que sortis des cendres et des ombres du crématoire, de l'enfer sur terre, nous étions à nouveau tous ensemble, vivants. Les miracles, le destin ou la volonté de Dieu, ou une combinaison des trois nous avaient aidés à survivre. Je fais partie des très rares personnes dont toute la famille immédiate a survécu. Cependant, comme tout le monde, nous avons perdu nombre de nos proches – ma grand-mère, des tantes, des oncles, des cousins et cousines –, morts dans les chambres à gaz ou dans les camps de travaux forcés.

L'histoire de la survie de mon père est assez particulière. De tous les hommes appelés comme lui au service militaire – auquel M. Papp a pu le soustraire pendant un temps – aucun ou presque n'est revenu à la fin de la guerre. Lorsque, malheureusement, il avait dû s'y soumettre, mon père avait eu la chance d'être placé dans un groupe de quelque 250 hommes dont le commandant, un lieutenant, était enseignant à Egyek, une ville située à 50 kilomètres de Nádudvar ; ses soldats, qui étaient également leurs gardes, étaient des réservistes issus de la même région. Ce commandant, qui n'était pas antisémite, éprouvait de la compassion pour les hommes placés sous sa responsabilité, et son attitude rejaillissait sur ses troupes, qui accomplissaient leur travail avec humanité.

Pour s'assurer que les choses se déroulent dans les meilleures conditions possibles, le lieutenant avait décidé de former un comité réunissant tous les anciens officiers et quelques hommes d'un certain âge pour exécuter les ordres reçus. Mon père n'était pas officier dans son unité régulière, mais comme il avait 44 ans, il a rejoint le comité.

Les premières tâches de ce comité avaient consisté à organiser la réparation des pistes de l'aéroport et des routes bombardées à Debrecen et dans les environs. Puis, un jour du mois d'août, tandis que l'armée soviétique s'approchait de la frontière hongroise, ils avaient reçu l'ordre d'abandonner leurs quartiers et de se diriger vers l'Allemagne. Mon père, un homme expérimenté, sensé et doté d'un esprit logique, avait eu une idée que les autres membres du comité avaient retenue. Comme il entretenait de bons rapports avec le commandant, il lui avait expliqué son plan en disant : « Monsieur, je sais que vous êtes né dans une ville voisine de la mienne et que comme moi, vous avez passé toute votre vie du côté est de la rivière Tisza. Je sais aussi que nous tous, les hommes de votre groupe, sommes originaires des environs. Si nous devons mourir, ne vaut-il pas mieux que cela se passe de ce côté-ci de la Tisza, plutôt que du côté ouest ou en Allemagne ? »

Le commandant avait répondu que s'il comprenait le sentiment de ses hommes, il pouvait difficilement désobéir aux ordres. Mon père avait alors suggéré une façon de contourner le problème : le groupe pourrait faire semblant d'obéir aux consignes en longeant la rivière vers Tiszafüred, où un pont menait à l'ouest, mais juste avant de l'atteindre, ils rebrousseraient chemin et continueraient alors à marcher vers Tokaj et Fegyvernek, où il y avait d'autres ponts. Comme les troupes allemandes en retraite et certaines unités hongroises convergeaient en grand nombre vers ces ponts, le commandant pourrait répondre, si jamais on l'interrogeait, qu'il devait conduire ces juifs en Allemagne, mais qu'ils avaient été refoulés, car les troupes avaient priorité ; il les emmenait donc vers un autre pont.

Sachant que la retraite de l'armée se faisait de manière précipitée et que le risque de rencontrer deux fois la même personne était minime, le commandant avait accepté la proposition de mon père. Le groupe s'arrêtait dans de grandes fermes durant plusieurs jours, voire plusieurs semaines, et ils y trouvaient amplement à manger, parce que ni les récoltes ni les bêtes d'élevage ne pouvaient être livrées dans les villes et marchés. Ils reprenaient ensuite leur route, ne dépassant pas un rayon de 80 kilomètres environ autour de Nádudvar. Ils avaient ainsi erré dans la campagne jusqu'au 1er novembre, jour où la région a été libérée par les Soviétiques.

En coopérant avec mon père et les autres Juifs, le commandant a permis à son unité de survivre en cette période difficile. Son groupe a été l'un des rares à ne pas avoir été envoyé dans un camp de concentration en Allemagne ou sur le front soviétique afin de servir au déminage avant le passage des troupes allemandes et hongroises. Si les recrues de l'unité de mon père n'étaient pas menacées de mort certaine, le danger et l'angoisse les guettaient néanmoins constamment. Ne pouvant plus endurer la situation, quatre hommes ont d'ailleurs fini par s'enfuir à Budapest dans l'espoir de se mettre à l'abri dans le Ghetto. Malheureusement, ils ont trouvé des nazis ou des Croix fléchées sur leur chemin. Ces quatre hommes ont été les seuls de l'unité de mon père à ne pas avoir survécu.

Ma ville natale a été libérée par l'armée soviétique le 3 novembre 1944. Après avoir parcouru les routes en stop, mon père et un ami sont rentrés chez eux en hommes libres le lendemain, le 4 novembre. Les leaders profascistes antisémites avaient fui et avaient été remplacés par des socialistes et des communistes qui avaient été relâchés de prison. Parmi eux, se trouvaient plusieurs amis de mon père issus des unités militaires régulières. Dès qu'ils ont appris que mon père était de retour, ils lui ont demandé d'organiser un convoi pour transporter du blé à Nagyvárad, une ville située à environ 70 kilomètres, et de le troquer contre du sel, du pétrole et des barres de fer pour les roues de chariots. Le commerce n'avait pas encore repris normalement et nous avions grandement besoin de ces produits impossibles à trouver depuis un bon moment. Beaucoup n'hésitaient pas à parcourir 5 kilomètres à pied pour se rendre à une saline. Nagyvárad (ou Oradea, rendue à la Roumanie après la guerre) était située dans une région riche en sel et en pétrole, et la Roumanie, elle, avait besoin de blé. Notre région en comptait des tonnes qui n'avaient pas été livrées à cause de la guerre. Tous les entrepôts, ainsi que la plupart des écoles et maisons juives abandonnées en étaient remplies jusqu'au plafond.

À la demande des Soviétiques, les autorités municipales réunissaient tous les jours des citoyens afin de les envoyer prêter main-forte aux militaires dans leurs travaux. Elles ont néanmoins suggéré que mon père et une quinzaine de personnes de son choix possédant chevaux et charrettes soient exemptés de ces besognes quotidiennes pour se consacrer au transport du blé. À l'époque, toutefois, le front soviétique continuait de progresser et les troupes pouvaient à tout moment réquisitionner les chevaux et, parfois même, leurs conducteurs et les chargements. Sachant cela, mon père a accepté de faire le travail à une condition : que les autorités municipales chargent deux soldats soviétiques d'accompagner le convoi pour le protéger. Sa demande a été acceptée.

Le premier transport a connu un tel succès que l'on a demandé à mon père de continuer ce travail, ce qu'il a fait jusqu'à ce que les activités commerciales reprennent leur cours normal, bien plus tard. Durant cette période, mon père a également suggéré aux autorités de la ville d'exempter des besognes militaires plusieurs forgerons et charrons, afin qu'ils puissent fabriquer un grand véhicule de transport. Pour ce faire, ils ont utilisé des pièces de bois et des roues disponibles sur place et ont récupéré les pneus, les roulements à billes et les suspensions des tanks allemands, hongrois et soviétiques qui jonchaient la campagne environnante. Tiré par deux robustes chevaux, ce véhicule pouvait transporter cinq fois plus de blé que le précédent, ce qui a permis d'augmenter grandement la capacité des convois.

Quand le commerce s'est remis à fonctionner normalement, mon père a racheté la remorque, ainsi qu'une paire de chevaux bien solides, et a lancé une entreprise offrant principalement des services de transport aux marchands locaux de Debrecen. Il a également loué quelques hectares de terre pour y cultiver du blé et du maïs, ainsi que du foin pour ses chevaux. C'est pourquoi, lorsque nous sommes enfin retournés chez nous, ses affaires marchaient très bien.

Comme la maison que nous avions louée pendant des années avait été attribuée à quelqu'un d'autre après notre déportation, à son retour, mon père s'est rendu à la maison de ses parents. Il ne restait que les murs : tout l'intérieur avait été vidé. Étrangement, l'intégralité de nos meubles est néanmoins réapparue dès le lendemain matin devant l'entrée principale de la synagogue. Mon père n'a jamais su qui s'en était emparé ni qui les avait rapportés, mais récupérer ses meubles revêtait une signification toute particulière pour lui, car ils avaient été fabriqués par son oncle pour mes parents à l'occasion de leur mariage.

Durant les quelques jours qui ont suivi son retour à Nádudvar, mon père a entendu dire que Molnar, l'apprenti boucher meurtrier et membre des Croix fléchées, coulait des jours tranquilles chez ses parents. Il n'avait jamais été puni pour ses crimes. Or, l'armée soviétique arrêtait les collaborateurs nazis et les envoyait travailler dans les mines de charbon en Sibérie pendant des années. Mon père avait désormais assez d'influence pour s'assurer que Molnar fasse bien partie du prochain groupe expédié dans ces mines. Il n'y a pas laissé sa peau, comme bien d'autres, mais après cinq ans passés en Sibérie, il est revenu vieilli, l'âme et le corps brisés. Il avait enfin reçu le châtiment qu'il méritait.

Un avenir incertain

Après mon retour du camp de concentration, ma vie me semblait bien compliquée. J'avais mûri, mais mon développement n'avait rien eu de normal. Mes expériences et toutes leurs répercussions psychologiques ont forgé en moi une conception de l'existence qui ne m'a jamais quitté depuis. Vivre dans le camp de concentration – et surtout observer l'esprit d'entreprise des uns et des autres dans notre baraquement ou tout simplement apprendre à mesurer et à couper les rations de pain de manière précise – m'a enseigné beaucoup de choses. J'ai vu comment les gens instruits et ouverts d'esprit se distinguaient des autres, comment il leur était plus facile de s'adapter à leur situation. Leur attitude leur valait la considération des autres. Ils avaient de l'ascendant sur leur groupe. J'en ai conclu que quelles que soient les circonstances, même si l'on a été dépossédé de tout, personne ne peut nous enlever notre savoir. Tant que nous sommes en vie, tout ce que nous avons appris nous appartient et peut nous aider. Ce constat s'est traduit chez moi par une grande soif de connaissance et un désir insatiable d'apprendre, qualités qui ne se sont jamais démenties.

À l'automne 1945, tout de suite après mon retour chez moi, j'ai donc repris mon travail d'apprenti ébéniste et je me suis inscrit aux cours du soir. J'ai travaillé à parfaire mon éducation jusqu'à mon départ de Hongrie.

Il me restait encore trois mois d'apprentissage à finir avant de pouvoir me présenter à l'examen et de recevoir mon certificat de compagnon ébéniste. Et j'ai eu la chance de pouvoir poursuivre ma formation auprès de mon ancien maître, Morris Straussman. Il avait été déporté avec nous en Autriche, avait survécu à une période de travaux forcés près de Vienne et avait été libéré au camp de Terezín. Il était revenu avant nous et avait pu reprendre ses activités. À la fin décembre 1945, j'ai été reçu à mon examen, puis j'ai continué à travailler avec lui à titre de compagnon, avec un bon salaire.

Je suis convaincu que s'il n'y avait pas eu la guerre, je ne serais pas aussi instruit ni aussi ouvert d'esprit que je le suis devenu. Si j'avais continué à vivre comme je l'avais fait avant le conflit, je n'aurais pas vu les choses de la même façon, notamment dans les moments décisifs. Après l'Holocauste, j'ai entrepris ma nouvelle existence en observant, en jugeant et en appréciant les gens comme ils sont, d'après leur conduite et leur mode de vie.

∼

L'après-guerre n'a pas été particulièrement facile, contrairement aux attentes d'une bonne partie de la population. Au printemps 1946, l'économie hongroise ne s'était toujours pas remise et le pays a sombré dans une inflation galopante. La situation ressemblait à ce qui s'était passé en 1923, après la Première Guerre mondiale, mais l'inflation était plus élevée encore, avec des valeurs atteignant les millions, les milliards et les billions. Les prix sont montés vertigineusement. La monnaie nationale, appelée *pengő* à l'époque, avait été remplacée par l'*adópengő* (*pengő* impôt). Au mois de mai, l'inflation avait atteint un niveau tel que mon salaire ne valait presque plus rien : mes gains pour une semaine de travail me permettaient d'acheter à peine une miche de pain. Comme l'entreprise de mon père prenait néanmoins de l'envergure, nous avons jugé préférable que je me joigne à lui au lieu de poursuivre mon travail de compagnon ébéniste.

En juillet 1946, soit une semaine ou deux avant la mise en œuvre d'un plan de stabilisation de la monnaie, j'ai voulu prendre le train pour aller rendre visite à mon oncle Josef Grossman, qui vivait à environ 80 kilomètres de chez nous. Ma mère m'a donné deux œufs pour que je les vende au marché. J'ai sauté sur ma bicyclette, j'ai vendu les œufs pour un montant quelconque, équivalant au taux en vigueur (des centaines de billions de *pengős*), puis je me suis rendu à la gare pour acheter un billet aller-retour pour le lendemain. À la gare, on augmentait les tarifs tous les jours, parce que le gouvernement établissait de nouveaux prix à minuit, mais en milieu de journée, avec le taux qui variait d'heure en heure, il m'est resté assez d'argent pour acheter des magazines. Normalement, dix douzaines d'œufs n'auraient pas même suffi à acheter un aller simple.

L'inflation a porté un dur coup à bien des gens, faisant disparaître toutes leurs économies. Mais vivre dans une ville agricole relativement petite nous a protégés de la ruine complète, car les gens troquaient leurs récoltes contre d'autres biens. La perspicacité de mon père nous a aussi aidés à traverser cette période. Pour chaque livraison, il demandait une certaine quantité de sel au lieu d'exiger de l'argent. Ce sel, qui ne perdait jamais sa valeur, pouvait être échangé contre d'autres produits et, plus tard, contre de l'argent. Heureusement pour le pays et tous ses citoyens, le gouvernement a réussi à freiner l'inflation et à rétablir une monnaie relativement stable le 1er août 1946. Peu après mes débuts avec mon père, notre clientèle de marchands s'est accrue. Nous en avions même quelques-uns dans trois villes voisines, Kaba, Földes et Tetétlen, que nous servions au retour de Debrecen. Nous avons donc acheté d'autres chevaux et une nouvelle remorque. Notre entreprise prospérait.

Un dimanche après-midi, la femme d'un commerçant est venue à la maison pour nous dire que son mari, souffrant de la grippe, n'était pas en mesure de prendre le train pour Debrecen afin d'y effectuer ses achats. Ils se demandaient si j'accepterais de faire les achats à leur place ; ils paieraient mon billet. La dame a apporté une liste et l'argent nécessaire. Bien sûr, j'ai accepté. Dès que cela s'est su, d'autres commerçants sont venus nous dire qu'ils préféraient consacrer leur temps à leur magasin plutôt qu'aux achats, et nous avons donc commencé à offrir gratuitement ce service supplémentaire. Beaucoup de nos clients en ont profité, réduisant ainsi leurs visites hebdomadaires aux distributeurs à une seule par mois. Nous en bénéficiions aussi, car je pouvais me fournir chez un seul distributeur à des prix compétitifs, au lieu de courir plusieurs endroits, ce qui nous faisait gagner du temps de chargement et de travail. En outre, je touchais parfois un petit pourcentage de commission sur les ventes, qui n'avait aucune incidence sur le prix que les clients payaient pour leurs produits.

L'attitude que nous avions adoptée à l'égard de la reconstruction de notre vie était la suivante : chaque fois que quelqu'un faisait appel à nous, nous étions prêts de jour comme de nuit, six jours par semaine. Après la libération, nous n'étions plus aussi pratiquants qu'avant la guerre, mais nous ne travaillions toujours pas le samedi, pas plus que nos assistants. Le vendredi soir, nous nous organisions pour rentrer avant l'allumage des bougies.

Mes deux frères ont célébré leur *bar mitsvah* après la guerre. Avec six autres hommes de la ville, nous avons été en mesure de former un *minyan* (le quorum nécessaire à la récitation de certaines prières). Le samedi matin ou lors des Grandes Fêtes, nous pouvions donc nous réunir pour le service dans une petite portion restaurée de la synagogue. Nous n'utilisions pas la grande partie, parce que les Allemands s'en étaient servis comme entrepôt et comme écurie, et il n'en restait plus que les murs.

Notre communauté avait été rigoureusement orthodoxe avant la déportation, le travail forcé et les camps de concentration. Mais après la guerre, beaucoup ne l'étaient plus. Les survivants remettaient en question l'existence de Dieu et certains ont tourné le dos à la religion. Pour notre part, il s'était produit tant de miracles que nous avons continué à croire en une force suprême, même si nous étions moins pratiquants qu'avant.

À la fin de 1949, beaucoup de familles survivantes avaient quitté Nádudvar pour aller s'installer à Debrecen, à Budapest, en Israël ou dans d'autres pays. Il n'y avait plus de services religieux. Quelques années plus tard, mon père a suggéré que la synagogue soit vendue à la municipalité et que la somme obtenue soit versée à la communauté juive de Debrecen, qui était relativement grande. En retour, les membres de cette communauté entretiendraient le cimetière de Nádudvar quand il n'y resterait plus aucun Juif. Les dirigeants juifs de Debrecen ont accepté, et même s'il était plutôt rare qu'une synagogue soit vendue à des fins non religieuses, mon père a offert la propriété à la municipalité, qui comptait démolir l'édifice et récupérer la brique pour construire une clôture autour du terrain de sport – au moins, les matériaux de la synagogue serviraient aux citoyens de la ville. C'est ainsi qu'a disparu la communauté juive de Nádudvar, après plusieurs siècles d'existence.

Au même moment, le régime communiste au pouvoir, avec son idéologie athée, a commencé à supprimer toutes les pratiques religieuses. Nous avons graduellement remplacé le samedi par le dimanche comme jour de repos. Mais comme nous n'étions pas chrétiens, si quelqu'un avait besoin de nous le dimanche, nous acceptions. Notre entreprise offrait donc des services sept jours par semaine. Nous étions si prospères qu'en 1948 et 1949, nous possédions deux remorques et trois paires de chevaux, de façon qu'il y en ait toujours deux au repos. Nous avions aussi engagé d'autres assistants. Mon père m'a pris comme associé et a immatriculé la seconde remorque à mon nom. Pour gagner en efficacité, nous envisagions l'achat d'un tracteur moderne pour tirer les remorques, du genre de ceux qu'utilisent les agriculteurs nord-américains aujourd'hui, avec des pneus et plus rapides. Nous avions également l'intention d'élargir notre clientèle en offrant nos services à des marchands d'autres villes des environs.

Le climat politique se transformait considérablement. La guerre froide s'installait et la Hongrie, qui avait été libérée par les

Soviétiques, était devenue un État satellite de l'URSS. Depuis 1945, le parti communiste s'appliquait à implanter un système semblable à celui qui existait en Union soviétique, c'est-à-dire la nationalisation progressive des entreprises. Au début, il ne s'agissait que des grandes industries, mais le projet a fini par toucher des établissements privés de plus en plus petits. Dans le même temps, on forçait les petits propriétaires terriens à se joindre à des coopératives agricoles.

En 1949, le parti communiste a pris le contrôle total du gouvernement. Avec grande difficulté et beaucoup de ressentiment réprimé, les petits commerçants et les fermiers ont rejoint les coopératives d'État de style soviétique. En Union soviétique, il n'existait pas d'entrepreneurs de classe moyenne avant l'avènement du régime communiste, mais en Hongrie, les petits chefs d'entreprises, commerçants et propriétaires terriens étaient ambitieux, travailleurs et plutôt jaloux de leurs biens. Ils se retrouvaient désormais obligés de travailler sur des terres autres que les leurs, car sous le système soviétique, tout était « à nous » et non plus « à moi ». L'utilisation de matériel et d'autres biens dorénavant communs a fini par engendrer une perte de responsabilisation personnelle. On s'est mis à malmener la machinerie et à maltraiter le bétail, ce qui a entraîné une baisse de la productivité au lieu de la hausse souhaitée. Ces conditions ont constitué le prélude à la Révolution de 1956. Pour nous, elles signifiaient une révision de nos plans, car il n'était plus question de faire prospérer notre entreprise.

En 1950, le système imposé par ces coopératives a poussé encore plus loin l'idée de propriété commune au détriment de la propriété privée si bien que, désormais, un particulier possédant une entreprise de taille trop importante la perdait au profit de l'État. Heureusement, les bonnes relations que mon père entretenait avec les autorités de la ville nous ont aidés. Au printemps de cette année-là, un des dirigeants communistes est venu à notre domicile avertir mon père : un télégramme lui était parvenu annonçant que, dans quelques jours, un comité de Debrecen prendrait possession de notre entreprise. Nous n'aurions droit à aucune indemnisation. L'homme a ajouté : « Il existe une coopérative agricole qui souhaite acheter votre affaire pour un prix équitable. Elle est prospère – c'est la seule dans cette situation, d'ailleurs. Si vous lui vendez votre affaire aujourd'hui même, les gens de Debrecen repartiront les mains vides.» Ayant déterminé que nous pourrions nous en sortir en ne cédant que deux paires de chevaux et une remorque, nous avons vendu ma part de l'entreprise. De cette façon, l'affaire de mon père demeurerait en dessous de la taille des entreprises devant obligatoirement passer aux mains de l'État. Mon père et moi avons signé les papiers et les fonds ont été transférés. La chance nous souriait une fois de plus, car nous nous sommes sortis de ce projet de nationalisation sans nous ruiner.

Mon père a continué à gérer son affaire, bien qu'à capacité réduite, pendant deux autres années, toujours comme entrepreneur privé. Puis, le même dirigeant l'a averti que l'État envisageait dès lors de prendre le contrôle des entreprises de la taille de la sienne et qu'il valait mieux qu'il la vende à la même coopérative que précédemment. Il a suivi son conseil et nous avons mis l'argent sous l'oreiller de ma mère. Cette fois, par contre, mon père s'est retrouvé sans emploi.

Après la vente de ma part de l'entreprise familiale, j'ai rapidement trouvé du travail, peu avant la saison de la récolte du blé, dans la plus grande coopérative commerciale de la ville. J'ai été la première personne à diriger la gestion du service des finances et, par la suite, j'ai été formé pour évaluer la qualité du blé fourni par les coopératives agricoles et les quelques propriétaires terriens qui subsistaient encore. Suite à cela, on m'a chargé de l'administration de tous les entrepôts en ville, puis, après plusieurs cours de perfectionnement, d'entrepôts situés dans d'autres localités.

Mon père n'a pas chômé très longtemps non plus: assez rapidement, il a été contacté par un fonctionnaire d'une entreprise d'État de Debrecen qui achetait du bétail à des petits propriétaires privés et à des coopératives agricoles. L'entreprise exploitait de grandes fermes où l'on améliorait le plus possible la qualité du bœuf pour l'exportation, le reste étant destiné à l'abattage local. L'exportation de bétail et d'autres produits, principalement vers l'Allemagne de l'Ouest, était cruciale pour le régime à la recherche de devises. Les entreprises capables de fournir des marchandises à cette fin étaient donc très appréciées par l'État.

Le fonctionnaire de Debrecen savait qu'en sa qualité d'ancien boucher, mon père possédait l'expérience dont ils avaient besoin. Il lui a donc offert de gérer l'une de leurs plus grandes fermes, située à une quarantaine de kilomètres de chez nous, ce qui obligerait mon père à faire la navette en train tous les jours. L'offre lui semblait attrayante, mais la perspective d'effectuer ce trajet quotidien ne lui plaisait guère. Il leur a donc suggéré de créer une ferme à Nádudvar. Le fonctionnaire a répliqué que ce n'était pas possible : ils n'installaient des fermes que dans de vastes domaines dont les étables étaient capables d'accueillir des centaines de têtes de bétail, et il n'y avait aucun endroit de la sorte dans notre ville. Mon père a alors répondu : « Si vous me le permettez, je vais organiser un système qui correspondra à ce que vous souhaitez mais il sera situé ici même, dans des locaux plus modestes, et avec des gens qualifiés. »

Tandis que les petits agriculteurs avaient été obligés de se joindre à des coopératives, ceux qui possédaient des centaines d'hectares avaient vu leurs exploitations reprises par l'État. Beaucoup de leurs étables de bonnes dimensions n'étaient plus utilisées, et c'est là que mon père comptait installer le bétail. Il se rendait bien compte que la multiplicité des lieux signifiait des efforts accrus, mais il savait comment atteindre une bonne productivité et il connaissait les personnes compétentes qu'il engagerait. Comme l'entreprise d'État avait besoin de lui, ils ont accepté son offre, à condition qu'il fasse ses preuves. Mon père travaillait très fort. Il se levait à 3 ou 4 heures du matin pour faire sa tournée d'inspection du fourrage. Il se reposait ensuite à la maison, puis le soir, il y retournait pour une deuxième tournée. En relativement peu de temps, il est devenu le plus grand producteur et exportateur de bœuf de qualité, le premier dans le *comitat*, puis dans le pays tout entier. Je ressentais une immense fierté quand je le voyais partir pour Budapest afin d'aller rencontrer le ministre de l'Agriculture, ce qui est arrivé plusieurs fois. Il a reçu de nombreux prix du ministère, et l'entreprise elle-même lui a remis des primes de rendement assez importantes.

Sur le plan du travail, tout s'est relativement bien passé pour mon père et moi jusqu'à l'automne 1956, au moment où la Révolution contre la dictature a eu lieu et où les politiques de nationalisation se sont intensifiées. Ma famille a dû prendre une décision terriblement difficile. À l'époque, mon frère George ne vivait plus à la maison. Il avait obtenu son diplôme en génie mécanique de l'Université technique de Budapest et travaillait à Debrecen ; il venait tout juste de se marier cet été-là. Quant à mon frère cadet, Frank, il effectuait son service militaire. Tous les jeunes hommes âgés de 20 ans et aptes au service étaient appelés sous les drapeaux, et Frank terminait ses deux années obligatoires quand la Révolution a éclaté en octobre 1956.

Jusqu'à ce que l'insurrection ait lieu, les frontières étaient fermées et il était pratiquement impossible d'émigrer de quelque pays communiste que ce soit. Puis, soudain, le pays s'est ouvert. Les Hongrois ont été autorisés à franchir la frontière avec l'Autriche durant une brève période et des dizaines de milliers de personnes ont quitté maison, famille et patrie. Tant de gens désiraient fuir la dictature totalitaire que sur une population d'environ 9 millions, près de 200 000 personnes – dont 10 000 Juifs – ont fui la Hongrie.

Au tout début, il était relativement facile de franchir la frontière vers les pays occidentaux, mais quand les Soviétiques ont écrasé la révolte, le 4 novembre 1956, les patrouilles frontalières ont refait leur apparition, flanquées de troupes soviétiques. À partir de ce moment-là, fuir est devenu dangereux, sinon fatal. Cela n'a pas empêché les candidats au départ de soudoyer les habitants des bourgades frontalières pour pouvoir sortir du pays.

Pour ma part, j'ai pris la décision de quitter la Hongrie en compagnie de mes frères assez tard. Au début, nous ne voulions pas partir ; nous n'y songions même pas, car nous étions profondément enra-

cinés dans notre communauté. Mon père avait 56 ans et ma mère
52. Ils ne voulaient pas recommencer leur vie en sol étranger, dans
une nation dont ils ne parleraient pas la langue. Après la guerre, leur
pays leur avait offert des conditions de vie relativement bonnes et
une société où ils avaient été respectés. Nous étions l'une des rares
familles dont tous les membres avaient survécu à l'Holocauste, et il
nous était particulièrement difficile d'envisager de nous séparer.

Finalement, George est arrivé à la maison un jour en disant que
nous devions nous aussi songer à quitter la Hongrie. Nous ne désirions pas vraiment nous exiler, mais, en plus de l'agitation politique,
il semblait que les incidents antisémites se multipliaient dans les
grandes villes, ce qui nous perturbait beaucoup. En fin de compte,
c'est la montée de la haine qui nous a poussés au départ. En effet,
dans la rue, on pouvait entendre ou lire sur les murs des slogans du
genre: «Cette fois, les Juifs, nous ne prendrons pas la peine de vous
conduire à Auschwitz!»

Nous avons donc décidé de nous exiler, mais à la condition que
nos parents vendent leur maison et s'installent chez la mère de ma
belle-sœur à Debrecen. Elle était un peu plus âgée que mes parents,
plus proche de la soixantaine, et ils seraient en mesure de veiller sur
elle. Puis, une fois que nous serions établis en Occident, ils pourraient
quitter légalement le pays et nous serions de nouveau tous réunis.

Le 9 décembre 1956, Frank, George, sa nouvelle femme Veronica
et moi avons entamé notre périlleux voyage en prenant le train à
Budapest. En fin d'après-midi, nous sommes entrés en gare de Győr,
la plus grande ville entre Budapest et Hegyeshalom, située à la frontière même. Soudain, des gardes ont fait irruption dans le train pour
soumettre les passagers à un contrôle d'identité. Après avoir choisi
plusieurs centaines d'entre nous, ils nous ont ordonné de descendre
des wagons afin de nous conduire au poste de police pour y relever
nos noms et les inscrire sur un fichier. Nous avions l'espoir qu'ils
ne nous détiendraient pas, mais il était plus que probable que nous
serions renvoyés dans nos foyers.

Alors que nous nous dirigions vers le poste, un homme s'est approché de moi pour me demander : « Veux-tu la passer ? », signifiant par là « Veux-tu franchir la frontière pour passer en Autriche ? » Comme j'ai répondu par l'affirmative, il m'a dit de sortir du rang et de l'accompagner. Il n'y avait pas de garde. Mes frères et Veronica nous ont donc suivis discrètement. L'homme nous a emmenés jusque chez lui, où sur le montant intérieur de la porte, nous avons remarqué une *mezouzah* (un petit ornement posé traditionnellement à l'entrée des maisons juives). Nous avons dormi sur des couvertures installées sur le plancher de son salon, puis le lendemain, en début d'après-midi, il nous a menés jusqu'à un arrêt ferroviaire peu surveillé. Il nous a ensuite confié le nom d'un pêcheur qui habitait tout près de la frontière en nous expliquant qu'il nous conduirait en Autriche contre rémunération. Notre bienfaiteur n'a pas révélé comment il s'appelait par peur des représailles, dans l'éventualité où nous serions arrêtés et interrogés. J'ai toujours regretté de ne pas avoir été en mesure de lui exprimer notre gratitude pour ce qu'il avait fait pour nous.

Nous sommes arrivés dans la bourgade indiquée en fin d'après-midi et nous avons trouvé le pêcheur en question. Contre une somme d'argent considérable, il a accepté de nous faire traverser le soir même le lac de Fertő (dont une partie se trouve en Hongrie et l'autre en Autriche) pour nous conduire vers la liberté. Tard ce soir-là, alors que nous attendions le bon moment pour partir, il s'est produit un incident plutôt effrayant : la porte s'est soudain ouverte sur un soldat en uniforme de douanier ! Nous nous sommes dit : « Ça y est ! Le pêcheur a pris notre argent et nous a livrés aux autorités. » Mais à notre plus grand soulagement, il s'est avéré que le jeune homme courtisait l'une des filles du pêcheur et qu'il était bien au fait de ses activités clandestines. Il était simplement venu l'avertir du moment où lui et sa patrouille se trouveraient sur les berges du lac, de façon que nous puissions les éviter.

Vers minuit, dans un silence total, nous avons quitté la maison et suivi l'homme sur le petit sentier qui menait à sa barque. Après avoir ramé durant une éternité, il a annoncé que nous nous approchions d'un petit canal dissimulé parmi les plants de canne et que lorsque nous aurions atteint la terre ferme, nous serions en Autriche. Nous y sommes arrivés quelques minutes plus tard, puis il est reparti aussitôt après avoir touché la rive. Il faisait toujours nuit. Nous sommes demeurés dans l'incertitude jusqu'au lever du soleil, ne sachant trop si nous nous trouvions bien en Autriche ou s'il nous avait laissés simplement quelque part en Hongrie. Heureusement, il s'agissait d'un homme honnête qui avait bien rempli sa part du contrat. Je suis certain qu'il savait aussi qu'en nous trahissant, la nouvelle se serait vite ébruitée, ce qui aurait mis un terme à son petit commerce très lucratif.

Quand le soleil s'est levé, nous avons aperçu une patrouille frontalière autrichienne. Nous avions bien atteint notre destination. Les gardes nous ont fait monter à bord d'un camion pour nous conduire à Vienne, où ils nous ont laissés à l'hôpital Rothschild, un centre surpeuplé où l'on recueillait les noms des transfuges qui avaient fui la Hongrie.

À cette époque, il n'était plus aussi facile qu'avant d'obtenir un visa d'entrée aux États-Unis. Nous avions choisi ce pays, car mon oncle Josef y habitait déjà. Lui et sa famille étaient parvenus à y immigrer en 1947 et ils vivaient à Manchester, au Connecticut. À moins d'opter pour un autre endroit, nous risquions fort d'attendre très longtemps avant de pouvoir entrer aux États-Unis. Plusieurs autres pays accueillaient les réfugiés, mais dans la mesure où nous désirions nous retrouver avec notre oncle, nous avons décidé d'attendre le temps qu'il faudrait. Cependant, ma belle-sœur était enceinte et ni elle ni George ne souhaitaient que leur premier enfant naisse dans un camp de personnes déplacées. Veronica avait une tante à Brantford, en Ontario, elle a donc choisi de présenter une demande d'immigration au Canada. En regardant sur une carte, nous avons constaté que Toronto n'était pas très loin du Connecticut et nous nous sommes dit que nous pourrions nous retrouver une fois que Frank et moi serions aux États-Unis. Leur demande a tout de suite été acceptée grâce à la grossesse de Veronica et, en l'espace d'une semaine, ils étaient à bord d'un avion à destination de Toronto.

Frank et moi sommes restés à Vienne, à attendre. Nous avons bientôt appris que le gouvernement autrichien, en partenariat avec la Société d'aide aux immigrants juifs (*Hebrew Immigrant Aid Society*, HIAS) et le Comité conjoint de distribution juif-américain (*American Jewish Joint Distribution Committee*, que nous appelions le *Joint*), était sur le point de créer un camp de réfugiés juifs à Korneuburg, dans des baraquements militaires abandonnés depuis la Deuxième Guerre. Korneuburg était située à une vingtaine de kilomètres de Vienne et les trains étaient fréquents entre les deux villes. Il nous serait facile de nous rendre aux ambassades pour nos démarches et aux bureaux des différents organismes. Nous avons donc fait une demande, nous avons été acceptés et nous avons déménagé.

Le camp de Korneuburg offrait de bien meilleures conditions que l'hôpital Rothschild. Une cuisine avait été installée et approvision-née, et la Croix-Rouge distribuait des vêtements provenant de dons faits aux États-Unis. Il hébergeait tout de même près de 600 réfugiés. On nous a attribué un lit dans une grande salle, où 32 personnes – hommes, femmes, couples et familles avec enfants – vivaient tous ensemble. Les départs se faisaient au compte-gouttes.

Nous avons vite appris que les artisans et ouvriers spécialisés pou-vaient déposer des demandes au bureau d'emploi local. Cela rendrait l'attente plus supportable. Je dois reconnaître que les règles d'emploi en Autriche étaient tout à l'honneur des autorités du pays, car ceux d'entre nous qui étaient munis d'un certificat de compétence ont été rémunérés aux mêmes tarifs horaires que les Autrichiens.

Mon frère était outilleur-ajusteur et moi ébéniste, et nous avons été parmi la première demi-douzaine de personnes à trouver un emploi et à commencer à travailler : Frank à Vienne et moi, dans la petite ville voisine de Karnabrunn. Dès lors, nous avons été heureux de payer les 30 shillings par semaine que nous demandait le bureau du camp de réfugiés. Avec mes dix années d'expérience – si on ne tient pas compte de celles où je n'avais pas pu exercer mon métier –, je gagnais 8 shillings de l'heure, soit 320 shillings par semaine. Mon frère recevait à peu près la même somme. Nous avons donc pu mettre pas mal d'argent de côté.

Par pure coïncidence, j'ai obtenu cet emploi le mercredi 20 février 1957, le jour même de mon trentième anniversaire. Ce matin-là, j'étais allongé sur ma couchette à regarder le plafond, presque déprimé, en me demandant si j'avais bien fait de tout quitter, ma vie, mes parents et mon travail, pour ce présent précaire et un avenir encore plus incertain. Puis, j'ai reçu un message m'enjoignant de me présenter au bureau d'emploi, où j'ai rencontré un maître ébéniste de Karnabrunn qui avait besoin d'un employé supplémentaire. Naturellement, je me suis empressé d'accepter. Après m'avoir conduit à son atelier, il a suggéré que je demeure chez lui jusqu'au vendredi. Si tout se déroulait à notre satisfaction mutuelle, je recevrais un titre de transport mensuel dès la semaine suivante, me permettant de faire la navette quotidienne en train. Après le déjeuner, j'ai commencé à travailler dans son atelier, ne sachant pas trop si je serais en mesure de répondre à ses attentes. Debout devant l'établi, mes outils en mains, je n'étais même pas certain moi-même de satisfaire aux exigences de l'emploi. Mais mes réflexes étaient au rendez-vous et tout s'est bien passé.

Ce soir-là, autour de la table de la salle à manger qui réunissait sa femme et trois autres employés, le maître ébéniste a déclaré en me montrant du doigt : « Vous voyez cet homme ? Il a appris son métier comme je l'ai appris ! Vous devriez observer comment il tient ses outils et de quelle manière il s'en sert. » En entendant ce commentaire, je me suis détendu. Je savais maintenant que ce que j'avais appris m'était resté bien ancré dans l'esprit et dans les mains. Cela m'a remonté le moral et m'a permis d'envisager l'avenir avec plus de sérénité.

Les retrouvailles

Au fil du temps, Frank et moi avons continué de surveiller comment évoluait notre demande d'immigration. George nous a fait savoir qu'il avait quitté Brantford pour Toronto et qu'il travaillait comme concepteur de moules pour matières plastiques. Grâce à son emploi stable, il a pu faire parvenir des visas à nos parents en Hongrie, ce qui leur a permis d'immigrer au Canada. Comme mon père était retraité depuis 1955, le gouvernement communiste hongrois ne s'est pas fait prier pour lui délivrer un visa de sortie, car on ne payait pas de pension de retraite aux personnes vivant à l'étranger.

Notre processus d'émigration a pris beaucoup plus de temps que prévu. Notre situation n'avait toujours pas évolué que déjà la procédure d'émigration de nos parents était bien engagée. Ils ont quitté la Hongrie en avril 1958, munis de visas leur permettant de voyager en train jusqu'à Vienne, de façon à pouvoir nous rendre visite avant de s'envoler pour Toronto. À l'insu des autorités hongroises, l'ambassade du Canada à Vienne a autorisé nos parents à demeurer un mois avec nous avant de poursuivre leur route. Nous avions assez d'argent pour les installer dans un hôtel de Korneuburg. Une fois que nous étions rentrés du travail, ils venaient nous rejoindre au camp pour la soirée.

Nous sommes finalement arrivés à New York le 29 décembre 1958, puis nous avons pris un train pour Hartford, au Connecticut, où oncle Josef nous attendait à la gare. Nous avons passé environ une semaine et demie avec lui et sa femme, Ella. Nous les avons toutefois bien déçus quand nous leur avons annoncé que nous ne souhaitions pas rester avec eux pour travailler à leur ferme. Notre joie de retrouver des membres de notre famille à Hartford n'a été surpassée que lorsque, peu de temps après, nous sommes allés à Toronto pour voir nos parents, ainsi que George, Veronica et leur petit garçon, Alvin.

À Hartford, notre oncle nous a aidés à trouver un appartement meublé en location et nous nous sommes mis à la recherche d'un emploi. Nous avons tous les deux déniché du travail immédiatement. Mon propriétaire, qui possédait aussi une épicerie de quartier, m'a recommandé auprès d'un fabricant de meubles. Je gagnais un dollar de l'heure, un bon taux à l'époque. J'ai travaillé deux mois à cet endroit, puis j'ai été engagé ailleurs pour réparer des hangars à tabac. Je recevais un salaire horaire d'un dollar et demi et j'avais plus d'heures. Pressentant que je perdrais ma place une fois la saison terminée, j'ai sollicité un emploi d'ébéniste et je l'ai obtenu. J'ai fabriqué des meubles haut de gamme du mois de juillet 1959 à 1965. Je suis particulièrement fier d'une de mes réalisations, que l'on peut encore voir à l'Old State House, à Hartford. Il s'agit d'une réplique de la table sur laquelle a été signée la déclaration d'Indépendance. J'ai mis six mois à fabriquer la table ovale et les 13 chaises assorties, en acajou massif avec marqueterie d'ébène et de cèdre de l'Atlas.

Je n'ai eu aucun mal à m'intégrer à la culture américaine ; je savais d'avance qu'il faudrait que je m'adapte. J'avais une bonne vie sociale. Bien entendu, j'étais ordinairement trop occupé par le travail pour penser à quoi que ce soit d'autre. La philosophie de la vie qui me guidait depuis la fin de la guerre – me cultiver constamment l'esprit, travailler fort et atteindre mes objectifs – m'a énormément aidé à réussir ma nouvelle existence de ce côté-ci de l'océan.

Comme je ne connaissais ni la langue ni les coutumes du pays, je me suis inscrit à un cours du soir d'anglais langue seconde quelques jours à peine après mon arrivée. J'allais en classe deux ou trois soirées par semaine. À l'époque, les nouveaux immigrants ne bénéficiaient pas d'une assistance sociale permettant de fréquenter l'école comme aujourd'hui, il fallait donc qu'ils suivent des cours du soir. Si l'on voulait progresser, il fallait avoir la volonté de le faire et en prendre l'initiative.

Mes parents avaient toujours encouragé leurs trois enfants à avoir de l'ambition, à ne pas nous contenter d'une vie ordinaire, à nous battre pour obtenir davantage et à être prêts à travailler dur pour y parvenir. J'ai rapidement franchi les étapes, et un an et demi plus tard, j'ai obtenu mon diplôme de quatrième niveau. Je me suis néanmoins vite rendu compte de tout ce qu'il me fallait apprendre encore pour réussir en Amérique du Nord. Après en avoir discuté avec l'un de mes enseignants, je me suis inscrit à un programme de certificat en comptabilité, d'une durée de deux ans. J'ai étudié en me servant d'un dictionnaire et j'ai terminé ma formation avec succès. J'ai travaillé fort. Je n'avais certainement pas quitté ma vie en Hongrie, une vie que j'avais déjà dû rebâtir après mon retour du camp de concentration, pour me retrouver avec un emploi qui ne m'aurait assuré que le minimum vital. J'avais fait un grand pas en prenant souche de l'autre côté de l'océan. Je devais reconstruire ma vie une troisième fois pour améliorer mon sort.

Au mariage de Frank, à Montréal en 1959, j'ai rencontré Eva, une très belle jeune femme originaire de Budapest. Nous sommes tombés amoureux et nous nous sommes mariés en mai 1961. Eva est également une survivante de l'Holocauste. Petite fille, elle a vécu avec sa mère dans le ghetto de Budapest. Puis, grâce à des documents fournis par Raoul Wallenberg, elles ont habité dans des «maisons protégées» jusqu'à la libération.

Nos deux filles, Judy et Edith, sont nées en 1963 et 1965, respectivement. Nous avons décidé de leur raconter les expériences épouvantables que nous avions vécues, mais aussi de les mettre en garde contre les dangers de la haine et de l'intolérance: elles ne devaient haïr que les idées propagatrices de discrimination et de préjugés, des idées qui encouragent les gens à ne pas considérer l'autre comme leur égal. Nous avons réussi. Nos filles ne tolèrent aucune forme d'injustice autour d'elles.

Beaucoup de survivants ont choisi de ne jamais évoquer les atrocités qu'ils ont subies durant l'Holocauste. Moi, en revanche, j'ai toujours parlé de mes expériences à nos enfants. Cette connaissance les a sans conteste influencées en leur insufflant un désir de réussite, une volonté de travailler fort pour atteindre leurs objectifs et une détermination à apprécier les autres et à les considérer d'égal à égal. Aujourd'hui, Judy est comptable agréée et Edith avocate. Elles ont maintenant toutes deux leurs propres familles. Selon le plan des nazis fomenté pour nous assassiner, moi et Eva, cette petite fille de 5 ans qui vivait dans le ghetto de Budapest, la génération de mes filles n'aurait pas dû voir le jour. Or, aujourd'hui, elles sont instruites et vivent une vie équilibrée dans un pays libre, où elles contribuent au progrès social. Mes parents et ceux d'Eva, originaires de petites villes, n'avaient terminé que leur école élémentaire, tandis que nous-mêmes n'étions allés que jusqu'à la fin du secondaire, avec quelques cours au niveau supérieur. Quand nous songeons à cela, Eva et moi sommes extrêmement fiers d'avoir élevé deux universitaires en dépit de tous ces obstacles.

Au début des années 1960, mon père a exprimé le souhait que nous, ses trois fils, démarrions une entreprise ensemble à Toronto. Séduits par cette idée, mes frères et moi avons examiné diverses possibilités, puis nous avons décidé de nous lancer dans la fabrication d'outils et de matrices, en nous spécialisant dans les moules pour l'industrie du plastique. George étant concepteur de moules, il s'occuperait des ventes et de la conception ; Frank, outilleur-ajusteur, serait responsable du secteur technique et de la production ; et moi, je me consacrerais aux finances, aux achats et à l'administration générale.

Frank et les siens ont immigré à Toronto en 1965, et nous en 1967. C'est ainsi que notre projet initial de voir toute la grande famille réunie de nouveau s'est enfin réalisé. Nous avons tous les trois investi à parts égales un petit montant de nos économies, nous avons acheté la machinerie la plus élémentaire et nous nous sommes mis au travail. Nous avons appelé notre entreprise FLG *Precision Works*, et grâce aux contacts que mes frères avaient cultivés dans leurs milieux de travail, nous avons obtenu nos premiers contrats. Offrant un service de qualité, jour et nuit, nous avons progressivement commencé à nous faire un nom dans notre domaine. Les premières années, nous travaillions de longues heures, sept jours sur sept, parfois même de nuit, pour satisfaire des clients impatients. Plusieurs semaines ont passé sans que nous puissions rapporter quelque salaire que ce soit à la maison, mais déterminés à réussir comme nous l'étions, nous avons vite vu notre situation s'améliorer. Le temps passant, notre atelier s'est agrandi, nous avons engagé des employés et nous avons acquis une bonne réputation dans l'industrie.

Puis en novembre 1972, le malheur a frappé : mon frère George a été tué dans notre propre atelier par l'effondrement d'une grue à portique. Nous étions anéantis. C'était une tragédie terrible et c'est devenu un souvenir douloureux avec lequel nous devons vivre. Il a néanmoins fallu reprendre le travail et réorganiser notre entreprise. Frank a repris le secteur des ventes et nous avons dû engager quelques concepteurs. Notre bonne réputation, nos contacts et la loyauté de nos clients nous ont permis de continuer. Au milieu des années 1980, nous avons commencé à utiliser des machines informatisées, ce qui nous a permis de devenir une usine de fabrication de moules à la fine pointe de la technologie. En 1998, nous avons décidé de vendre notre entreprise. Nous avons trouvé le bon acquéreur et nous avons conclu la transaction. Je suis resté une autre année à titre de consultant, puis à l'âge de 72 ans, après avoir travaillé pendant 58 ans, je suis passé à une retraite complète.

À la fin, notre entreprise employait 40 personnes, alors que la majorité des ateliers œuvrant dans le même domaine comptaient de 6 à 15 employés. Je n'ai pas seulement profité de la liberté, de l'égalité et du respect que le Canada m'a offerts, mais j'ai également été en mesure de donner quelque chose en retour : j'ai participé à la croissance du pays en créant des emplois qui permettaient à ces 40 familles de gagner leur vie. J'ai pu atteindre l'objectif que je m'étais toujours fixé : réaliser quelque chose dont je serais fier.

~

Un jour, à la fin des années 1970, mon père m'a téléphoné pour me dire qu'il venait de lire dans la *Menorah*, un journal juif de langue hongroise publié à Toronto, qu'une femme rabbin du nom de Jungreis présenterait une conférence à la synagogue *Shaarei Tefillah*. Il a ajouté : « S'agirait-il d'une parente de notre cher rabbin ? Veux-tu m'y accompagner ? » Naturellement, j'ai dit oui. En arrivant sur place le dimanche en question, j'ai demandé à l'un des placeurs s'il était possible de parler à la rabbanite. Il m'a répondu que c'était impossible car son avion avait eu du retard et 650 personnes l'attendaient. Je l'ai donc prié de simplement lui faire savoir qu'un homme de Nádudvar était là. Elle pouvait très bien décider de ne pas tenir compte de ce message, mais nous avons tout de même attendu pour voir.

Quand elle a descendu l'escalier, le placeur lui a murmuré quelque chose à l'oreille et elle a failli trébucher. Elle a aussitôt lancé un regard à la ronde pour s'arrêter sur moi. Je me suis alors approché pour me présenter en expliquant que j'étais en compagnie de mon père, que nous étions originaires de Nádudvar et que j'étais sans doute la dernière personne à avoir vu son grand-père vivant. Elle était en effet la fille d'Avrom Jungreis, celui-là même dont j'avais vu les mots gravés sur un meuble dans le baraquement F du bloc 11 à Bergen-Belsen. Tandis que 650 personnes attendaient pour la voir, je lui ai raconté comment son grand-père, Yisrael, m'avait béni avant que l'on scelle la porte du wagon à bestiaux à Strasshof. Nous avons parlé durant cinq minutes environ, puis elle est entrée dans l'amphithéâtre. Au cours de sa conférence, elle a évoqué notre rencontre en expliquant que par mon entremise, elle venait tout juste de recevoir la bénédiction de son grand-père bien-aimé, 35 ans plus tard.

Elle a également annoncé qu'elle évoquerait notre rencontre dans son premier livre à paraître, *The Jewish Soul on Fire* (Une Flamme ardente : l'âme juive), et il en est effectivement question dans le chapitre 11, intitulé « Dilemmes religieux ». De retour à Toronto quelque temps plus tard, elle m'a donné un exemplaire de son livre avec la dédicace personnelle que voici : « Vous m'avez beaucoup inspirée lors de la rédaction du chapitre sur les dilemmes religieux. Que le Dieu Tout-Puissant, qui a protégé votre famille de Nádudvar, continue de veiller sur vous et les vôtres pour des générations et des générations. Puisse la Torah vous accompagner toujours, vous et votre merveilleuse famille. » Ce cadeau m'est extrêmement précieux.

Fondatrice et directrice de l'organisme *Hineni*, Esther Jungreis est une communicatrice extraordinaire, très respectée dans les hautes sphères religieuses et politiques. Elle a hérité des talents d'orateur de son grand-père. Notre estimé rabbin avait le don d'envoûter son auditoire. Pendant l'entre-deux-guerres, chaque fois que le gouvernement hongrois inaugurait un projet, les délégués administratifs et politiques faisaient leurs discours d'usage, puis trois dirigeants religieux – un protestant, un catholique et un juif – étaient invités à dire eux aussi quelques mots. Lors d'une cérémonie de ce genre qui a eu lieu à l'est de la rivière Tisza, c'est notre rabbin qui a représenté notre communauté. Son discours, livré dans un hongrois parfait, avait été d'une éloquence et d'une clarté peu communes.

~

En 2009, j'ai entendu parler d'un projet démarré huit ans auparavant et qui a mené à d'autres retrouvailles incroyables, cette fois avec certains des hommes qui m'avaient libéré en 1945. Ce projet a vu le jour en 2001 dans un petit village du nom de Hudson Falls, dans l'État de New York. Un professeur d'histoire d'une école secondaire, Matthew Rozell, a donné comme devoir à ses élèves d'interviewer des membres de leurs familles qui avaient pris part à la guerre. L'un des jeunes a choisi de s'entretenir avec son grand-père, Carrol Walsh, un vétéran de la Deuxième Guerre mondiale devenu juge à la Cour suprême. Ce dernier a notamment parlé à son petit-fils du jour J, puis lui a raconté comment, en avril 1945, à titre de chef de char d'assaut, lui et ses hommes avaient pris le chemin de Magdebourg, en Allemagne. Matthew Rozell est retourné voir M. Walsh par la suite et vers la fin de ce nouvel entretien, la fille de M. Walsh a dit à son père qu'il avait oublié de mentionner l'histoire du train. « Quel train ? » a demandé son petit-fils. Il leur a donc expliqué que durant l'une des batailles avec les Allemands, le commandant de sa division avait entendu dire qu'il y avait un train abandonné à une quinzaine de kilomètres de Magdebourg et il avait décidé d'envoyer deux tanks et une jeep sur place pour aller voir de quoi il retournait. Dans ce train, ses hommes ont découvert 2 500 survivants de l'Holocauste, émaciés et à bout. J'étais l'un d'eux. Par la suite, ils ont appelé ce convoi le « train de la mort ».

Après l'entretien, Matthew Rozell est rentré chez lui et a commencé à faire des recherches. Il a interviewé un autre membre de la 9e armée, un tankiste du nom de George Gross qui avait pris des photos en ce jour décisif. Il a ensuite été en mesure de contacter Frank Towers, l'agent de liaison qui nous avait fourni un abri à Hillersleben le lendemain de notre libération. En 2002, Matthew Rozell a parlé de cette histoire incroyable dans son blogue publié sur le site web de l'école, et en 2004, un survivant du train en a pris connaissance. Quand l'Associated Press en a eu vent, de plus en plus de gens ont été au courant. En 2007, certains de nos libérateurs ont été retrouvés et se sont réunis en Caroline du Sud.

Deux ans plus tard, en septembre 2009, j'ai su par hasard qu'il y aurait une autre rencontre, cette fois en présence de survivants. J'avais assisté à une réunion avec Paul Arato, un de mes collègues du milieu des affaires, et constatant que nous étions tous deux originaires de la même région en Hongrie, nous avions commencé à parler de notre passé. Ce faisant, nous nous sommes aperçus que non seulement nous nous étions trouvés dans le même bloc à Bergen-Belsen, mais aussi à bord de ce fameux «train de la mort». C'est Paul Arato qui était tombé sur les renseignements concernant ces retrouvailles avec nos libérateurs et avait été l'instigateur de la réunion d'information.

Lors du symposium, sept libérateurs et sept survivants se sont revus pour la première fois depuis ce fameux jour d'avril 1945. Près de 65 ans après les faits, je rencontrais les hommes qui m'avaient redonné la vie! Jamais je n'avais imaginé qu'un tel miracle puisse se produire. J'ai présenté une communication à l'une des six séances organisées lors de ce symposium, auquel assistaient environ 400 élèves de la région. J'ai également parlé aux vétérans libérateurs, que j'appelle «les anges de ma vie». Les réseaux CBS et ABC se sont intéressés à notre histoire et l'entrevue que j'ai accordée à un journaliste d'ABC a été diffusée partout dans le monde – partout, à l'exception du Canada, à ce que j'ai appris. Par ailleurs, nous, les sept survivants, avons été faits membres honoraires de l'association des vétérans de la 30e division d'infanterie de l'armée américaine – la division *Old Hickory* comme ils l'appellent. C'est Frank Towers, qui était président de la 30e division à l'époque, qui a signé le certificat que l'on m'a remis à cette occasion.

Je suis resté en contact avec Carrol Walsh, ainsi qu'avec Frank Towers et leurs familles; une affection et un respect mutuels nous ont toujours liés. J'ai participé au dernier symposium en 2011, et en novembre de la même année, Eva et moi sommes allés rendre visite à M. Walsh en Floride, où nous passons nos hivers. Je lui ai encore parlé la veille même de son décès, en décembre 2012. Eva et moi, ainsi que nos deux filles et notre petite-fille Jessica, avons assisté aux funérailles militaires de M. Walsh qui se sont déroulées à Johnstown, dans l'État de New York, en juillet 2013. Jessica lui a rendu hommage, comme elle l'a fait pour Eva et moi, en participant à la Marche des Vivants.

Épilogue

Sensibiliser les élèves à l'Holocauste est très important pour moi. J'ai visité des dizaines d'écoles et j'ai été conférencier d'honneur à l'occasion de *Yom HaShoah* (la Journée internationale dédiée à la mémoire des victimes de l'Holocauste), à Ottawa comme à Sydney, en Nouvelle-Écosse. En 2010, j'ai été l'un des 18 survivants de l'Holocauste honorés à Queen's Park, à Toronto, par Yad Vashem et le premier ministre de l'Ontario ; à cette occasion, on a souligné ma contribution au progrès de la province, au travers de mon entreprise, et mon engagement en matière d'enseignement de l'Holocauste.

Je participe activement au programme éducatif de l'*Holocaust Centre* de Toronto et, il y a quelques années, j'ai eu l'honneur de voir mon nom ajouté à leur exposition permanente intitulée *We who survived* (Nous qui avons survécu), qui documente la vie de survivants et survivantes. Le *Centre* accueille des milliers d'élèves d'écoles secondaires de Toronto et de ses environs qui étudient l'Holocauste dans le cadre de leurs cours d'histoire. Ils y visitent une exposition, visionnent un film documentaire et écoutent un survivant ou une survivante de l'Holocauste raconter son histoire.

Je continue de m'adresser aux élèves, parce qu'après chaque intervention, bon nombre d'entre eux m'écrivent pour me dire que mes propos les ont profondément marqués et les ont encouragés à tenter d'être de meilleures personnes. Souvent, aussi, on me demande pourquoi j'accepte de revivre les horreurs en les racontant. Je leur réponds qu'en lisant leurs lettres, je constate que beaucoup d'entre eux voient maintenant les choses autrement et que le récit de mes expériences leur a fait comprendre où peuvent mener les préjugés, la discrimination, la haine et l'injustice. On peut donc espérer que les élèves – chacun à leur manière et dans leur situation propre – sauront combattre ces fléaux. Cette prise de conscience de leur part constitue ma récompense. Et je continuerai à rencontrer des élèves aussi longtemps que je le pourrai. Je paraphrase également le lauréat du prix Nobel, Elie Wiesel, en leur expliquant que je raconte mon histoire à la jeune génération pour que mon passé ne devienne pas leur avenir. Je n'aime pas me replonger dans cette période de ma vie, mais les nouvelles générations qui grandissent, comme tous ceux et celles qui ont eu la chance de vivre leur vie sans subir l'Holocauste, doivent savoir ce qui s'est passé pour empêcher que cela ne se reproduise, que ce soit contre une seule personne, contre un groupe ou contre une nation.

J'invite toujours les élèves à se rappeler que l'histoire de chaque survivant est différente et unique. Pour ne pas succomber à la mort qui a emporté tant de gens, chacun des rescapés a tenu le coup jusqu'au lendemain, jour après jour, grâce à une série de miracles et de hasards. On me demande fréquemment comment j'ai fait, moi, pour survivre dans des circonstances si horribles. Ma réponse est très simple. Il s'agit d'un mot de six lettres : espoir. L'espoir d'arriver à la fin de la journée pour me réveiller vivant le lendemain et de vivre jusqu'à la fin de cette nouvelle journée.

Un autre point sur lequel je ne saurais trop insister, c'est que les atrocités que nous avons endurées et qui ont coûté la vie à six millions de nos frères et sœurs résultent d'un phénomène qui a gouverné des esprits dérangés et qui se résume en un mot : haine. Ce sentiment n'a jamais eu sa place dans mon esprit ni dans ma vie. Je n'ai jamais haï une personne ou un groupe parce qu'ils étaient différents de moi d'une quelconque manière. La haine, avec son pouvoir maléfique, consume la personne haineuse, occulte tout ce qu'il y a de bon et de valable dans l'être humain et pousse à ne mener sa vie que pour haïr. La haine peut d'abord s'exprimer par la violence verbale, voire une simple blague, puis s'aggraver quand les personnes haineuses se mettent à battre et à tuer les opprimés. L'Holocauste constitue un exemple de haine d'une ampleur inégalée dans l'Histoire. Hélas, nous observons encore aujourd'hui un niveau sans précédent de haine dans le monde, une haine dont se nourrissent des gens qui ne vivent leur vie que pour détruire les autres. De nos jours, il est donc d'autant plus important de faire tout notre possible pour renseigner les jeunes générations et les inciter à combattre cette tendance des plus inquiétantes.

Mémoires d'Eva Meisels

Je suis née à Budapest, en Hongrie, le 3 juillet 1939. Mes parents, Erno et Irene (née Goldner) Silber, se sont mariés le 14 août 1938. Aînée d'une famille de neuf enfants, ma mère était originaire d'Ibrány, une petite ville du *comitat* de Szabolcs. Quant à mon père, il est né à Komádi, dans le *comitat* de Bihar, et il avait quatre frères et une sœur. Ma mère m'a raconté qu'après ma naissance, mes deux grands-mères venaient à tour de rôle pour l'aider, chacune passant deux semaines chez nous, à Budapest.

Mes grands-parents, tant maternels que paternels, étaient des Juifs orthodoxes très pratiquants. Ni riches ni pauvres, ils étaient également, d'un côté comme de l'autre, propriétaires d'un commerce doublé d'un petit atelier, où ils fabriquaient la marchandise qu'ils vendaient. Mes grands-parents maternels, Juliska et Adolf, faisaient des meubles, tandis que mes grands-parents paternels travaillaient la tôle. En 1942, avant que la guerre n'arrive en Hongrie, je suis allée passer un petit bout de temps chez les uns puis chez les autres. Sur une photographie qui m'est restée de cette époque, ma mère est la seule à avoir les cheveux couverts, comme il était d'usage dans la tradition orthodoxe, car elle était la seule à être mariée. Mon père ne figure pas sur cette photo, parce qu'il était alors en camp de travail forcé.

Papa avait environ 16 ans quand lui et deux de ses frères ont commencé à travailler avec leur père dans sa tôlerie. Ils se déplaçaient de ville en ville pour servir différents clients et perfectionner leur apprentissage du métier. Quant à ma mère, elle a travaillé dans une épicerie jusqu'à ma naissance. Pour économiser, mes parents ont vécu chez des tantes, dans un petit appartement à Budapest, avant d'emménager dans leur propre logement au Klauzál *tér* 15 (15 place Klauzál), dans le 7ᵉ arrondissement ; notre appartement était situé au deuxième étage, au numéro 20.

Mon père a travaillé de la fin des années 1930 jusqu'au début des années 1940, date de l'entrée en vigueur des lois antijuives interdisant aux Juifs d'exercer certaines professions. À partir de ce moment-là, il a pris n'importe quel emploi disponible ; il a même pelleté la neige pour la municipalité. En 1942, il a été mobilisé dans une unité de travail forcé. Cette même année, on l'a autorisé à venir à la maison un jour, parce que ma mère avait réussi à lui faire parvenir un télégramme pour lui dire que j'étais très souffrante et qu'elle craignait pour ma vie. Au cours des trois années suivantes, il a notamment travaillé dans des mines à Bor, en Yougoslavie, puis a fini par se retrouver au camp de concentration de Mauthausen. Il a été libéré par les Américains en mai 1945, mais n'a pu rentrer à la maison qu'en août.

Je n'oublierai jamais le jour où mon père est revenu. Ma mère était sortie pour acheter des vêtements usagés (qu'elle lavait et raccommodait avant de les revendre), et elle m'avait laissée aux bons soins de la grand-tante de mon père. Nous étions toutes les deux assises dehors, devant notre immeuble, quand nous avons vu un homme s'approcher. Dès qu'il m'a aperçue, il s'est mis à courir vers nous en criant mon nom. Puis il m'a serrée dans ses bras, en pleurant et riant tout à la fois. Ne l'ayant pas vu depuis tant d'années, je ne suis même pas certaine que je savais qui il était. Ma grand-tante lui a dit que ma mère allait bien, qu'elle était sortie, puis mon père s'est informé des autres membres de notre famille : qui était rentré, qui ne l'était pas. Beaucoup de nos proches rafflés pendant la guerre ne sont jamais revenus.

On m'a dit que la sœur de mon père, Yitte Brandle, a été raflée avec tout un groupe de jeunes filles à Budapest. Alors qu'elle s'apprêtait à monter dans le train de la déportation, elle a eu un sursaut de révolte. Selon des témoins, elle a été fusillée en tentant de s'enfuir. Elle était l'unique sœur de mon père. J'ai donné son nom à ma fille.

Quand j'ai rendu visite à mon oncle Bela (aujourd'hui décédé) à Détroit après la guerre, il m'a raconté des histoires familiales que je n'avais jamais entendues auparavant. Il savait notamment qu'aux environs de la Pâque 1944, la voisine de ma grand-mère, une Hongroise au grand cœur, était venue à Budapest dans le but de m'emmener avec elle à la campagne. Mes grands-parents maternels croyaient que j'y serais davantage en sécurité qu'à Budapest. Mais ma mère ne m'a pas laissée partir. Selon elle, nous devions demeurer ensemble ; son sort et le mien était liés. Trois semaines plus tard, mes grands-parents et leurs trois plus jeunes enfants ont été déportés à Auschwitz, où ils ont été assassinés. Je n'ose imaginer l'angoisse qu'a vécue ma mère durant ces quelques heures où elle a dû réfléchir à la proposition de la dame et prendre cette décision cruciale sans savoir ce que réservait l'avenir.

Maman et moi nous sommes finalement retrouvées dans le ghetto de Budapest, où se trouvait notre immeuble de la place Klauzál. Je me souviens de certaines choses ; d'autres m'ont été racontées par ma mère. Je voyais bien que de plus en plus de gens s'installaient dans notre immeuble, mais j'ignorais que c'était en raison de la création du Ghetto. Tout ce que je constatais, c'était que les choses changeaient. Qu'est-ce qu'une enfant de 4 ou 5 ans peut bien comprendre à la politique ou à la haine ?

À l'époque, nous portions une étoile jaune sur nos vêtements, conformément à une loi promulguée quelques semaines après le début de l'occupation nazie en Hongrie, le 19 mars 1944. Un jour, ma mère m'a retiré l'étoile, puis m'a expliqué comment quitter l'immeuble et me rendre au petit marché tout près. Une fois sur place, je devais chercher à contacter notre ancienne voisine. Je l'ai trouvée et quand elle m'a aperçue à son tour, elle s'est penchée derrière son étal pour me donner du pain à rapporter à la maison. Cette voisine devait bien nous aimer pour se préoccuper ainsi de notre sort et risquer de se faire prendre en train de donner du pain à une petite Juive, un geste qui entraînait de lourdes peines. Personne ne devait savoir que j'étais juive, car je n'avais pas le droit de circuler sans mon étoile jaune. Si quelqu'un m'avait reconnue et dénoncée, ç'aurait été la fin pour nous deux. Je ne crois pas non plus avoir mesuré à l'époque le courage qu'il avait fallu à ma mère pour envoyer sa petite fille à l'extérieur sans savoir si elle rentrerait saine et sauve.

Dans le Ghetto, trois immeubles s'élevaient de chaque côté de la place principale. Nous vivions dans celui du milieu, et des gens avaient tenté de trouver un passage dans notre sous-sol qui nous permettrait de fuir en cas de besoin. En abattant des murs, ils avaient révélé un espace caché, dans l'immeuble voisin, où quelqu'un avait entreposé du foie d'oie. Avant qu'on ne l'emmène, le Juif qui vivait là, un fabricant, avait caché toute sa réserve derrière un faux mur. Comme nous n'avions pas de pain, nous avions pour seule nourriture ces foies très gras qui nous rendaient toujours un peu malades. Mais durant environ trois semaines, c'est tout ce que nous avons eu à manger. Malgré tout, j'aime encore le foie d'oie aujourd'hui.

Je me souviens de tous les cadavres empilés au milieu de la place, là où s'était naguère trouvé le carré de sable. Une dizaine d'années plus tard, durant la Révolution contre le régime communiste, quand les morts se sont mis à joncher les rues encore une fois, je me suis sentie immunisée, comme si tout cela ne m'affectait même pas.

À deux reprises, des Croix fléchées ou des SS, je ne sais trop, nous ont ordonné de quitter nos appartements pour nous rassembler dans la cour. Ma mère me tenait dans ses bras au milieu de la confusion – bruits, cris et pleurs –, et je me suis mise à hurler. Un homme a alors crié à ma mère que si son enfant allait brailler comme ça, elle devait aller ailleurs. Cet homme qui ne supportait pas le bruit nous a peutêtre sauvées. Un certain nombre de personnes ont été emmenées et on ne les a plus jamais revues. Quelques jours plus tard, les soldats sont revenus, mais cette fois, je n'ai pas pleuré. J'observais tout sans dire mot, par curiosité peut-être, jusqu'à ce que ma mère me pince les fesses et que je me remette à crier. Par chance, la même chose s'est produite : on nous a demandé de quitter les lieux.

Un jour, par contre, nous n'avons pas réussi à y échapper. On nous a fait marcher le long des berges du Danube. Nous n'avions aucune idée de l'endroit où l'on nous emmenait. Les gens qui n'allaient pas assez vite ou qui n'obéissaient pas strictement aux ordres étaient exécutés sur-le-champ. Je voyais les cadavres tomber dans le fleuve. Parfois, deux personnes avaient été attachées ensemble pour que l'on n'ait à utiliser qu'une seule balle.

J'ignore si c'est cette fois-là ou plus tard que l'on nous a conduits dans un endroit appelé la « Maison des *Nyilas* » (le quartier général des Croix fléchées). Je ne me souviens que de cette immense couverture grise par terre (il y en avait peut-être plus d'une), où tous devaient déposer les objets de valeur qu'ils avaient sur eux. Je revois maman ôter son alliance pour la jeter sur la couverture.

Ma mère, ma grand-tante et moi sommes restées debout face au mur dans la « Maison des *Nyilas* » du matin jusqu'au soir. Nous n'avions qu'une seule pomme à manger pour nous trois. Je ne m'en souviens pas, mais ma mère m'a raconté que ma grand-tante me l'avait offerte, car j'avais faim, mais que je lui avais répondu : « Non. Je ne la mangerai pas, parce que qui sait si nous aurons de la nourriture demain. » Avais-je fait preuve d'intelligence ? De stupidité ? Ou était-ce simplement que la petite fille que j'étais, qui en avait déjà vu beaucoup, en était simplement arrivée à une conclusion logique ? Tard ce soir-là, on nous a ordonné de regagner le Ghetto.

L'incident du quartier général des Croix fléchées s'est produit à peu près au moment où un parent éloigné a réussi à nous obtenir de faux papiers auprès de Raoul Wallenberg, un diplomate suédois. Ma mère, ma grand-tante et moi avons alors mis tout ce que nous possédions dans une brouette (que nous avions trouvée je ne sais comment) et nous sommes parvenues à nous rendre dans une «maison protégée», située tout près, juste en bordure du Ghetto, au Akácfa *utca* 26 (26, rue Akácfa).

C'était l'hiver. Il faisait très froid. Je me souviens qu'il y avait beaucoup de monde dans cette «maison protégée». Je me rappelle aussi que je tentais de me procurer un peu d'eau. Pas tellement pour nous laver – nous utilisions la neige pour ça –, mais pour boire. Les robinets se trouvaient dans la cour. Nous devions faire la queue pour recueillir l'eau qui tombait au compte-gouttes dans mon pot, parce qu'elle était gelée. Je ne sais pas comment nous parvenions à obtenir de la nourriture à l'époque, mais je ne me souviens pas d'avoir eu faim. Ma mère m'a raconté plus tard qu'elle trempait parfois des morceaux de pain sec dans la neige.

Quand nous nous sommes tous installés dans un abri antiaérien au sous-sol, ma mère et les autres femmes montaient tour à tour à l'étage afin de préparer à manger pour les enfants et tous les gens qui se trouvaient en bas. Elles utilisaient l'appartement d'un Juif qui avait encore quelques provisions dans sa cuisine. Un jour, une bombe est tombée sur notre immeuble au moment même où ma mère se trouvait à l'étage. Elle s'est précipitée en bas et, constatant que j'étais saine et sauve, elle s'est jetée sur moi en hurlant pour me protéger. Ses cheveux étaient tout blancs, comme s'ils avaient changé de couleur d'un coup, mais il s'agissait de la poussière provenant de l'immeuble bombardé.

On me demande souvent ce que nous faisions toute la journée dans un sous-sol, nous les enfants. Ma mère m'avait confectionné une poupée avec une chaussette sur laquelle elle avait dessiné un visage et c'est avec ce jouet que je passais le temps en compagnie des autres fillettes.

Nous avons été libérés par les Soviétiques en janvier 1945. Ils allaient de maison en maison à la recherche de nazis qui s'étaient habillés en civils pour se fondre dans la population. Quand nous avons vu descendre au sous-sol des combattants avec leurs armes puissantes pointées sur nous – car ils ignoraient ce qui les attendait –, nous étions terrorisés. Je ne savais pas du tout qui ils étaient ni ce qui se passait. Ils parlaient une langue étrangère que je devais sans doute prendre pour de l'allemand. Un jeune soldat s'est approché du coin où nous nous étions blottis, moi et d'autres enfants. Il tenait un énorme fusil à la main et, de l'autre, il a fouillé dans sa musette pour en sortir un morceau de pain noir qu'il nous a offert. Je me souviendrai de ce pain noir toute ma vie. Nous n'en avions pas vu depuis très longtemps, et le fait que ce soit un militaire armé jusqu'aux dents qui nous l'ait donné m'a beaucoup impressionnée.

Lorsque nous avons enfin quitté le sous-sol, je n'y voyais plus du tout. Ma mère m'a raconté plus tard que j'ai été privée du sens de la vue durant trois ou quatre jours. Mes yeux n'étaient plus habitués à la lumière du jour. Maman me disait de garder les yeux fermés et de ne les ouvrir que de temps à autre, l'espace de quelques minutes. J'ai suivi son conseil, gardant les yeux ouverts un peu plus chaque jour, jusqu'à ce que tout rentre dans l'ordre.

Après la libération, on a recommencé à utiliser le sous-sol pour y entreposer du charbon et du bois, mais j'avais toujours très peur de m'y rendre, car je me souvenais bien du coin où un voisin était mort et à quel endroit une autre personne avait succombé à la faim. Si je devais absolument y descendre, j'y allais en chantant et en sifflant. Mes parents devaient penser que j'étais folle de craindre toutes ces ombres sorties de mes souvenirs.

～

Au lendemain de la guerre, nous avons pu récupérer certaines de nos possessions. Quand mes grands-parents maternels avaient été obligés de déménager dans le Ghetto, leur ami de confiance, Kato Antal, était venu la veille de leur départ pour leur offrir de les aider à sauver tout ce qu'ils souhaiteraient lui confier. On m'a raconté plus tard qu'il a pris des bijoux, des photographies, des meubles et même des objets religieux. Il a tout enterré dans son propre jardin et a tout rendu aux survivants de notre famille. Mes parents ont pu récupérer des photos, ainsi que la chaîne en or de la montre de poche de mon grand-père. Mon père, qui a travaillé un an comme bijoutier, en a fait trois petits bracelets, un pour ma mère et les autres pour deux des sœurs de maman. J'ai perdu celui de ma mère et je me sens encore coupable aujourd'hui, non pas en raison de sa valeur monétaire, mais pour tous les souvenirs qui y étaient rattachés, notamment le fait qu'il provenait d'un objet ayant appartenu à mon grand-père. Kato Antal a également aidé mes grands-parents en leur apportant de la nourriture dans le Ghetto. Nous lui sommes extrêmement reconnaissants pour tout ce qu'il a fait. Mes oncles, qui vivent aux États-Unis, les ont aidés, lui et sa famille, autant qu'ils ont pu après la guerre.

Après la libération, tout le monde était avide de nouvelles et, dans la rue, lorsqu'on se croisait, on posait immanquablement les mêmes questions : « Où étiez-vous ? Avez-vous vu un tel ? Savez-vous ce qui est arrivé à une telle ? » Chacun désirait ardemment connaître le sort de ses proches. Maman et moi nous sommes rendues à Ibrány, la ville natale de ma mère, ce qui nous a pris trois jours au lieu des trois ou quatre heures habituelles, en raison du chaos qui régnait. Une fois sur place, mon oncle Bela (Ben) et ma mère ont entendu dire qu'une de mes tantes, Bözsi (Elisabeth), était vivante et qu'elle se trouvait en Roumanie. Ma mère m'a laissée aux bons soins de mon oncle, puis elle s'est rendue en train en Roumanie afin de la retrouver. Elle a été absente environ une semaine. À ce moment-là, ma tante avait bel et bien été libérée par les Américains, mais les Soviétiques l'avaient emmenée en URSS. Le frère de mon père a également été capturé par les Soviétiques, mais ma tante et mon oncle ne se sont jamais croisés là-bas. Ni l'un ni l'autre n'a été en mesure de rentrer en Hongrie avant 1947. Le jour où ma tante est revenue, il était tôt le matin et j'étais encore au lit ; je me rappelle que lorsqu'elle m'a embrassée, ses larmes coulaient sur moi.

Ma mère a perdu quatre frères et sœurs, et mon père deux. Les membres de ma famille qui avaient survécu vivaient toujours dans l'espoir de revoir d'autres proches en vie. Tout le monde venait chez nous, car on savait que c'était le lieu des retrouvailles. Ma tante Olga, qui selon nos renseignements avait été tuée, est revenue à la maison ! Ce jour-là, après avoir entendu quelqu'un crier le nom de ma mère, nous avons regardé dehors pour constater qu'il s'agissait de ma tante ! Nous l'appelions Puce, parce qu'elle était toute petite. Ma mère s'est précipitée dans l'escalier, Puce a fait de même, et elles se sont rencontrées à mi-chemin, devant un appartement. Après tout ce qu'elles avaient enduré, elles ont donné libre cours à leurs larmes. Tout le monde autour était très ému, très heureux, jusqu'à ce que le locataire dudit appartement ouvre la porte et se mette à hurler après ma mère pour qu'elle se taise, parce qu'elle l'empêchait de dormir avec tout ce bruit. Peut-on imaginer une chose pareille !

Ma grand-mère paternelle, Margaret, a survécu à Auschwitz. C'est à son retour en Hongrie qu'elle a appris que mon grand-père était mort. La première fois qu'elle m'a fait le récit de ce qui était arrivé à la famille, c'est lorsque nous avons décidé de quitter la Hongrie dans la foulée de la Révolution de 1956. Elle ne voulait pas fuir en même temps que nous, car nous étions les premiers membres de la famille à le faire, et elle préférait attendre et s'assurer que mes tantes et oncles puissent partir également. Elle nous a rejoints par la suite. La veille de notre départ, elle est venue à la maison pour passer la nuit avec nous et elle a commencé à me raconter beaucoup d'histoires sur ce qui s'était passé pendant la guerre.

Ma grand-mère Margaret a vécu à Montréal jusqu'à son décès, en 2001, à l'âge de 102 ans. Elle venait à Toronto une ou deux fois par année, et quand elle n'a plus été capable de le faire, c'est moi qui suis allée lui rendre visite à Montréal. Nous parlions jusque tard dans la nuit. Elle partageait ses souvenirs avec moi. C'était une femme merveilleuse, ultra-orthodoxe toute sa vie, qui a tenu le coup à Auschwitz en mangeant des pelures de pommes de terre et des légumes pourris. Elle refusait catégoriquement d'avaler ce qu'ils qualifiaient de soupe, parce qu'elle ignorait ce que le liquide contenait et qu'elle n'y aurait jamais touché sans être certaine qu'il soit kasher. Elle a survécu, malgré tout.

~

Je possède encore une photographie d'une fête organisée à l'occasion de _Hanoukkah_ dans la maternelle que je fréquentais avant la guerre. J'y figure en compagnie de toutes mes petites amies, des amies qui se sont aussi retrouvées dans le sous-sol du Ghetto. Après la guerre, mes parents m'ont inscrite dans une école élémentaire juive qui a existé jusqu'à ce que j'aie tout juste terminé ma 4ᵉ année. Ensuite, sous le régime communiste, toutes les écoles ont été nationalisées et je suis allée à l'école élémentaire publique, puis à l'école secondaire.

Mon père avait changé notre nom de famille (Silber) pour celui de Sugar. Il souhaitait se joindre aux forces policières afin de pourchasser les nazis et il estimait qu'il valait mieux avoir un nom à consonance hongroise. Finalement, il ne s'est pas engagé dans la police, mais a été assez actif au sein d'un mouvement sioniste, aidant un certain nombre de Juifs à gagner Israël. En 1945, 1946 et même en 1947, il était très difficile de quitter la Hongrie. Mon père aidait ces personnes à se rendre à destination en leur trouvant des contacts et des points de chute.

Un jour que j'étais seule à la maison, des gens sont venus et se sont mis à me poser toutes sortes de questions au sujet de mon père. Ils me demandaient s'il lui arrivait de rentrer tard, que ce soit seul ou avec d'autres, si j'avais vu telle personne dernièrement et ainsi de suite. En y repensant aujourd'hui, je crois bien qu'ils cherchaient à obtenir des preuves qui auraient confirmé que mon père aidait les Juifs à sortir du pays. Moi, qui n'avais que 8 ou 9 ans à l'époque, je répondais à toutes leurs questions par la même phrase : « Je ne sais pas. » Mais ils sont tout de même restés un long moment à essayer de me faire parler. Quand mon père est enfin rentré, il a réussi à se sortir de cette situation sans qu'on l'inquiète davantage. Quand nous avons été seuls, il m'a félicitée d'avoir eu l'intelligence de répondre systématiquement « Je ne sais pas ».

La vie a fini par reprendre un cours à peu près normal. Mes parents travaillaient. J'allais à l'école. Puis en octobre 1956, la Révolution a frappé. Les denrées alimentaires ont recommencé à manquer. Nous devions faire la queue pour tenter de nous procurer du pain. Parfois, alors que nous approchions de l'avant de la file, des tanks soviétiques surgissaient et se mettaient à tirer. Nous nous dispersions tous sur-le-champ, mais beaucoup de gens ont été tués. Les cadavres jonchaient les rues de Budapest une fois de plus.

Des rumeurs ont commencé à circuler à propos de passeurs qui, contre rétribution, aidaient les gens à traverser la frontière vers l'Autriche et la liberté. Le 9 décembre 1956, mes parents et moi avons revêtu autant de couches de vêtements que possible, nous avons abandonné tous nos biens et nous nous sommes dirigés à pied vers la gare de l'Est à Budapest. Nous nous apprêtions à sortir du pays clandestinement avec un groupe de transfuges. Le voyage n'a pas été de tout repos. Nous avancions à pied vers Andau, en Autriche, sous les feux croisés des projecteurs qui balayaient le secteur, nous obligeant à rester constamment à couvert pour éviter d'être repérés. Dans notre groupe, se trouvait une jeune enfant à qui l'on avait administré un somnifère pour ne pas que ses pleurs alertent les gardes. Par malheur, elle est morte avant que nous ayons pu atteindre la liberté.

Une fois parvenus à Vienne, nous nous sommes rendus chez une connaissance de ma mère et nous avons dormi dans son atelier, sur des piles de tissus. Le lendemain, nous nous sommes rendus à la Société d'aide aux immigrants juifs (*Hebrew Immigrant Aid Society*), et tandis que nous faisions la queue, nous avons entendu héler le nom de ma mère. Un homme s'est approché de nous, mais ma mère ne l'a pas reconnu tout de suite, car elle ne l'avait pas vu depuis une dizaine d'années. C'était son frère Bela! Il avait entendu parler de la Révolution et avait décidé de faire le voyage depuis Détroit dans l'espoir de nous retrouver et de nous aider à sortir du pays. Grâce à lui, nous avons eu un toit, de la nourriture et des vêtements chauds. J'ai mangé ma première clémentine et, lorsque mon oncle m'a demandé

s'il y avait autre chose qui me ferait plaisir, j'ai répondu spontanément :
«Du Coca-Cola!». J'en avais entendu parler, mais je n'en avais jamais
bu. Et je n'en ai plus jamais bu par la suite parce je l'ai trouvé infect!

Nous comptions immigrer aux États-Unis, mais à l'ambassade
américaine, on nous a prévenus que le processus serait très long. Nous
avons donc opté pour le Canada, où vivait déjà le frère cadet de mon
père. Il s'était rendu à Paris juste après la libération, et de là, il avait
gagné le Québec. Nous sommes restés à Vienne quelques jours, puis
vers la fin du mois de décembre, nous avons rallié Bremerhaven pour
nous embarquer sur le *Berlin*, un paquebot de luxe. Nous sommes
arrivés au Quai 21 à Halifax le 9 janvier 1957. Le gouvernement canadien souhaitait nous envoyer en Saskatchewan, pour que nous y
devenions agriculteurs, mais ma mère a négocié avec la traductrice
qui nous était assignée, lui faisant valoir que nous avions de la famille à Montréal. Elle lui a même montré une lettre pour appuyer
ses dires, mais la traductrice ne pouvait pas lire le hongrois, seulement le parler. Ma mère lui a alors expliqué que le contenu de cette
lettre prouvait non seulement que mes parents avaient de la famille
à Montréal, mais que du travail les attendait tous les deux là-bas. Ce
n'était pas tout à fait exact, mais cela a fonctionné.

C'est donc à Montréal que nous nous sommes établis. J'ai poursuivi mes études au Sir George Williams College. Nous avons tous
trouvé du travail que nous accomplissions en suivant des cours du
soir en parallèle pour apprendre l'anglais et tenter de nous faire une
situation. Nous sommes allés vivre à Windsor durant une brève
période, car mon père ne pouvait pas trouver d'emploi à Montréal,
mais nous sommes revenus par la suite. J'ai travaillé dans les bureaux
d'IBM, au service de la facturation.

En 1959, lors d'un mariage auquel j'avais été invitée, j'ai rencontré
celui qui allait devenir mon mari, Leslie. Nous nous sommes mariés
le 28 mai 1961. Nous avons vécu à Hartford, au Connecticut, durant
six ans, puis nous avons déménagé à Toronto, où nous avons rejoint
sa famille et démarré notre propre entreprise. J'ai été engagée par le

North York Board of Education pour travailler auprès d'enfants présentant des handicaps physiques et mentaux. J'ai occupé cet emploi tout en poursuivant des études au Seneca College et à l'Université York.

Avec nos enfants, nous n'avons jamais passé notre expérience durant la guerre sous silence. Et nos filles parlent hongrois, car nous souhaitions qu'elles puissent communiquer avec leurs grands-parents. En 1991, notre fille Judy, qui est devenue comptable agréée, a eu l'occasion de séjourner trois mois en Hongrie et d'y œuvrer à l'implantation de méthodes comptables de type capitaliste ; sa connaissance du hongrois lui a été très utile. Notre fille Edith s'est également rendue en Hongrie, à la fin de ses études de droit, alors qu'elle attendait de passer ses examens du Barreau. Mon mari et moi avons alors décidé qu'il était temps de retourner là-bas pour voir comment les choses avaient évolué.

Nous nous sommes notamment rendus à Nádudvar, où nous sommes allés voir l'ancienne maison des parents de Leslie et avons mangé des fruits de l'abricotier que sa mère avait planté. Mais hormis cette visite agréable, le pays m'a laissé une affreuse impression. Tout ce que je peux dire, c'est que je suis triste de savoir que nous y avons encore de la famille et qu'il y reste un certain nombre de Juifs. En dehors de cela, je me moque du sort de la Hongrie. J'y ai laissé trop de mauvais souvenirs et je crois que rien n'a changé dans ce pays. L'antisémitisme y sévit tout autant qu'avant. Sur des bancs publics, j'ai vu des phrases gravées du genre de celle-ci : « Nous nous occuperons de nos propres Juifs. Pas besoin de les emmener aussi loin qu'à Auschwitz. » Je l'ai vu de mes yeux ! Et dans la rue, j'ai aussi entendu des ivrognes proférer des insultes antisémites. Mon cousin a envoyé ses enfants dans une école juive et, le jour de la rentrée, on leur a lancé des cailloux. Dans la synagogue que ma grand-mère fréquentait, j'ai vu les vitres brisées – les mêmes vitres qui avaient été cassées en 1956. La *Dohany shoul*, la grande synagogue de Budapest, celle que nous fréquentions, fait exception. Il s'agit de la deuxième plus grande synagogue d'Europe. Elle est toujours aussi superbe. Elle a été admirablement rénovée. Peu après la libération, un monument y a été érigé en mémoire des victimes de l'Holocauste, sur lequel mes parents ont fait graver les noms des membres de notre famille qui ont péri.

~

En 1996, j'ai assisté au dévoilement de la statue de Raoul Wallenberg au parc Earl Bales et, dix-sept ans plus tard, j'ai eu l'honneur de participer au lancement du timbre à son effigie émis par Postes Canada pour lui rendre hommage. Nos quatre charmants petits-enfants – Jessica, Rachel, Jordan et Jaimee – savent ce que nous avons subi par le passé et ont assisté à diverses rencontres consacrées à l'enseignement de l'Holocauste. En préparation à sa *bat mitsvah,* l'aînée de nos petits-enfants, Jessica, a participé au programme de jumelage de *l'Holocaust Centre* de Toronto, qui aide les jeunes à connaître l'histoire de leur famille et à en garder vivante la mémoire. Jessica a dédié sa *bat mitsvah* à ma tante Ella, qui avait 11 ans au moment où elle a été conduite à Auschwitz et n'a jamais pu célébrer la sienne. Rachel, quant à elle, a dédié sa *bat mitsvah* au cousin de Leslie, Jimmy Groszman, qui avait également 11 ans lorsqu'il a été tué par les nazis.

Nous avons perdu beaucoup trop d'êtres chers durant la guerre. Voilà ce dont je me souviens. Que nous ayons une vie normale – avec des enfants et des petits-enfants – ne correspondait pas du tout à ce qu'Hitler avait envisagé pour les Juifs. Peu importe l'âge que nous avions à l'époque, nous ne pouvons pas oublier l'Holocauste. Cela fait partie de nos vies, de ma vie. Ce serait sans doute mieux d'oublier, mais alors ceux qui n'ont jamais entendu parler de ces atrocités n'en sauront rien et ne pourront pas veiller à ce qu'elles ne se reproduisent plus. C'est la raison pour laquelle mon mari et moi participons activement à l'enseignement de l'Holocauste, à Toronto comme en Floride. Nous estimons qu'il est important que la jeunesse, en particulier, soit au courant de notre passé, pour que ce passé ne devienne pas son avenir.

Glossaire

Antisémitisme Préjugés, discrimination, persécution ou haine à l'encontre des Juifs, de leurs institutions, de leur culture et de leurs symboles.

Appell [allemand] Appel. Dans les camps de concentration nazis, l'appel faisait partie d'une série d'humiliations quotidiennes subies par les détenus, qui étaient le plus souvent contraints de rester debout, immobiles, pendant des heures, par tous les temps.

Auschwitz [allemand; en polonais: Oświęcim] Ville du sud de la Pologne, située à environ 40 kilomètres de Cracovie. Ce nom désigne aussi le plus vaste ensemble de camps de concentration nazis érigé à proximité. Le complexe d'Auschwitz comportait trois camps principaux: Auschwitz I, un camp de travaux forcés construit en mai 1940; Auschwitz-Birkenau (Auschwitz II), un camp de la mort établi au début de 1942; et Auschwitz-Monowitz (Auschwitz III), un camp de travaux forcés bâti en octobre 1942. En 1941, Auschwitz servait de site test pour l'utilisation du gaz mortel Zyklon B comme méthode de massacre collectif et dont l'emploi a ensuite été généralisé. Entre 1942 et 1944, les convois arrivaient à Auschwitz-Birkenau de presque tous les pays d'Europe – des centaines de milliers en provenance de Pologne et de Hongrie, et des milliers de France, des Pays-Bas, de Grèce, de Slovaquie, de Bohème-Moravie, de Yougoslavie, de Belgique, d'Italie et de Norvège. Plus de 30 000 personnes y ont été également transférées depuis d'autres camps de concentration. Du 15 mai au 8 juillet 1944, environ 435 000 Juifs hongrois y ont été déportés. On estime que 1,1 million de personnes ont été massacrées à Auschwitz, dont approximativement 950 000 Juifs. À cela s'ajoutent 74 000 Polonais, 21 000 Tsiganes, 15 000 prisonniers de guerre soviétiques et entre 10 000 et 15 000 ressortissants d'autres pays. Le complexe d'Auschwitz a été libéré par l'armée soviétique en janvier 1945.

Bar mitsvah, bat mitsvah [hébreu; littéralement: celui, celle à qui s'appliquent les commandements] Conformément à la tradition juive, les garçons deviennent à 13 ans responsables de leurs actes d'un point de vue moral et religieux et se voient considérés comme des adultes lors des offices à la synagogue. La *bar mitsvah* est aussi la cérémonie marquant l'accession à ce statut. Elle est célébrée à la synagogue où le garçon lit un passage de la Torah et récite les bénédictions lors d'une prière publique. Les célébrations se poursuivent ensuite lors d'une joyeuse fête familiale. Dans la seconde moitié du XXe siècle, les Juifs libéraux ont institué une cérémonie et une fête équivalentes pour les filles, la *bat mitsvah*, qui a lieu à l'âge de 12 ans.

Becher, Kurt (1909–1995) *Obersturmbannführer* (lieutenant-colonel), puis *Standarttenführer* (colonel), commissaire spécial du Reich chargé des camps de concentration qui a aussi été nommé chef du Département économique du commandement SS en Hongrie dans la foulée de l'invasion allemande dans ce pays en 1944. À ce titre, il a mené des négociations – au nom des dirigeants SS Heinrich Himmler et Adolf Eichmann – avec des représentants de la communauté juive hongroise dans le but de leur extorquer de l'argent et des objets de valeur en échange de sauver des vies juives de la mort. Ces négociations ont abouti à ce que l'on appelle désormais le «train Kasztner» (qui a permis d'épargner plus de 1 500 Juifs), ainsi qu'au marché concernant les «Juifs mis en attente», c'est-à-dire environ 20 000 Juifs déportés dans des camps de travail en Autriche, où beaucoup ont survécu. Après la libération, Kurt Becher a échappé à des poursuites pour crimes de guerre grâce à un témoignage en sa faveur de la part de Rezső Kasztner. *Voir aussi Kasztner, Rezső.*

Bergen-Belsen Camp de concentration installé en 1940 par les nazis près de la ville allemande de Celle pour y accueillir les prisonniers de guerre. Après 1943, y étaient également détenus ceux qu'on désignait comme les Juifs «monnaie d'échange» et dont l'Allemagne espérait se servir dans le cadre des négociations de paix avec les Alliés. Après mars 1944, une partie du camp a été baptisée «camp de convalescence», et un millier de prisonniers trop malades pour travailler y ont été envoyés depuis Mittelbau-Dora et d'autres camps de travaux forcés. Ils n'ont reçu aucun traitement médical et on les a, bien au contraire, laissés mourir de faim et de maladie. Vers la fin de la guerre, on y a conduit des milliers de prisonniers – y compris des travailleurs forcés venus de Hongrie – des camps proches des lignes de front : Auschwitz, Mittelbau-Dora et Buchenwald. Compte tenu de l'afflux de détenus, les conditions du camp se sont rapidement détériorées, et quelque 35 000 personnes sont mortes entre janvier et avril 1945. Les forces britanniques ont libéré le camp le 15 avril 1945.

Camps nazis Les nazis ont construit quelque 20 000 camps de prisonniers entre 1933 et 1945. Bien que le terme «camp de concentration» soit généralement utilisé pour désigner toutes ces installations, les divers camps avaient en fait une grande variété de fonctions. Il existait des camps de concentration, des camps de travaux forcés, des camps de prisonniers de guerre, des camps de transit et des camps de la mort. Les premiers camps de concentration, établis en 1933, étaient destinés à accueillir les «ennemis de l'État», tandis que dans les camps de travaux forcés, les détenus étaient contraints d'exécuter de lourdes tâches physiques dans des conditions terribles. Les camps de prisonniers de guerre, comme

leur nom l'indique, étaient des lieux de détention pour les soldats ennemis capturés. Les camps de transit servaient lieux de
regroupement provisoires pour les Juifs qui devaient être transférés dans les camps principaux, le plus souvent des camps de la
mort en Pologne. Les camps de la mort étaient des centres d'assassinat où les détenus étaient massacrés en très grands nombres
et de manière méthodique. Certains camps comme Mauthausen,
combinaient plusieurs de ces fonctions dans un énorme complexe
concentrationnaire.

Comité conjoint de distribution juif-américain [en anglais: *American Jewish Joint Distribution Committee*, communément appelé
JDC ou *Joint*] Organisation humanitaire américaine fondée à
New York en 1914 et destinée à aider les Juifs de la diaspora en
temps de crise. L'organisation a fourni un soutien matériel aux
Juifs persécutés en Allemagne et dans d'autres territoires occupés par les nazis tout en facilitant leur émigration dans des pays
neutres comme le Portugal, la Turquie et la Chine. De 1939 à 1944,
le JDC est venu en aide auprès de 81 000 Juifs européens en quête
d'un lieu sûr dans diverses régions du monde. De 1944 à 1947,
il a secouru plus de 100 000 réfugiés vivant dans des camps de
personnes déplacées, en leur offrant des programmes de formation et de recyclage professionnels, des activités culturelles et une
assistance financière en vue de leur émigration.

Eichmann, Adolf (1906–1962) Chef de la section de la Gestapo responsable de la mise en œuvre de la politique nazie en matière
d'assassinats de masse des Juifs (la tristement célèbre « Solution
finale »). Adolf Eichmann était chargé de l'organisation des déportations des Juifs dans les camps de la mort de Pologne. En
1942, il a coordonné le transport des communautés juives de Slovaquie, des Pays-Bas, de France et de Belgique. En 1944, il a participé activement à la déportation des Juifs de Hongrie et mené
des négociations avec Rezső Kasztner dans le but de fournir des
travailleurs forcés à l'Autriche. Détenu par les Américains après

la guerre, il s'est évadé puis s'est réfugié en Argentine, où il a été enlevé en 1960 par les services secrets israéliens. À l'issue de son procès à Jérusalem en 1961, qui a été filmé par la télévision et retransmis dans le monde entier, Adolf Eichmann a été condamné à mort et pendu en mai 1962.

Empire austro-hongrois [aussi connu sous le nom de double monarchie d'Autriche-Hongrie] Ancien État d'Europe centrale (1867–1918) que dirigeaient les Habsbourg et qui a succédé à l'Empire autrichien (1804–1867). Ensemble multinational et multiconfessionnel, la double monarchie a été marquée par de nombreuses querelles politiques et ethniques opposant entre eux ses 11 groupes nationaux principaux. Malgré l'adoption d'une *Loi sur les nationalités* (1868) qui conférait des droits linguistiques et culturels à divers groupes ethniques, dans les faits, il existait beaucoup d'inégalités dans la manière dont les peuples étaient traités. Les Juifs se sont vu accorder des droits de citoyenneté et un statut égal à celui d'autres minorités, mais certains groupes, les Slovaques notamment, ont été exclus de la sphère politique, alors que les Tchèques, eux, obtenaient des postes au gouvernement. Dissous à la fin de la Première Guerre mondiale, l'Empire austro-hongrois a été divisé en trois pays indépendants : l'Autriche, la Hongrie et la Tchécoslovaquie.

Étoile de David [en hébreu : *Magen David*] Étoile à six branches qui est le symbole le plus ancien et le plus connu du judaïsme. Pendant la Deuxième Guerre mondiale, les Juifs des régions occupées par les nazis étaient fréquemment contraints de porter en public un insigne ou un brassard arborant l'étoile de David, ce qui les démarquait et les exposait aux humiliations et aux persécutions.

François-Joseph 1ᵉʳ (1830–1916) Empereur d'Autriche (1848–1916) et roi de Hongrie (1867–1916).

Ghetto de Budapest Ghetto établi par le gouvernement hongrois le 29 novembre 1944. Le 10 décembre, le Ghetto et ses 33 000 habitants juifs ont été coupés du reste de la ville. Fin décembre, les Juifs qui avaient jusqu'alors bénéficié d'un statut « protégé » (bon nombre grâce au gouvernement suédois) ont été envoyés dans le Ghetto dont la population est passée à 55 000 habitants. En janvier 1945, elle atteignait 70 000 personnes, rendant le Ghetto terriblement surpeuplé. Il n'y avait pas assez de vivres, d'eau ni d'installations sanitaires. L'approvisionnement s'est trouvé encore réduit et les conditions de vie ont empiré pendant le siège de Budapest par l'armée soviétique. Des milliers de gens sont morts de faim et de maladie. Les forces soviétiques ont libéré le Ghetto le 18 janvier 1845.

Ghetto Quartier délimité réservé aux Juifs. Le terme a été utilisé pour la première fois à Venise (Italie) en 1516, lorsqu'une loi a obligé tous les Juifs à vivre séparés sur une île entourée de murs, appelée *Ghetto Nuovo*. Tout au long du Moyen Âge en Europe, les Juifs ont souvent été forcés de vivre dans des quartiers réservés et fermés. Pendant l'Holocauste, les nazis ont contraint les Juifs à vivre dans d'effroyables conditions de surpopulation et d'insalubrité dans les quartiers, souvent délabrés, qui leur étaient réservés dans certaines villes.

Grandes Fêtes Fêtes d'automne de *Rosh Hashanah* (Nouvel An) et de *Yom Kippour* (Jour du Grand Pardon), qui marquent le début de l'année juive. Pour la célébration de *Rosh Hashanah*, les fidèles se rendent à la synagogue afin d'assister à des services ponctués par la sonnerie du *shofar* (corne de bélier utilisée comme instrument à vent). Ils se réunissent aussi en famille autour de repas festifs au cours desquels on sert des mets doux et sucrés (pommes et miel) symbolisant la nouvelle année que l'on souhaite douce pour tous. Célébré dix jours plus tard, *Yom Kippour* est marqué par le jeûne et la prière à la synagogue.

Häftling [allemand; pluriel: *Häftlinge*] Détenu, détenue.

Haloutzim [hébreu; masculin singulier: *haloutz*, pluriel: *haloutzim*; féminin singulier: *haloutza*, pluriel: *haloutzot*] Pionniers. Immigrants qui se sont installés dans le futur État d'Israël pour défricher les terres, planter des arbres et drainer les marais dans le but d'y établir des colonies et de créer des collectivités autonomes. On associe principalement les *haloutzim* à la vague d'immigration qualifiée de Troisième *Aliyah* (1919–1923), c'est-à-dire celle qui a suivi la Première Guerre mondiale et l'établissement de la Palestine sous mandat britannique. Dans les mouvements de jeunesse sionistes œuvrant à l'extérieur de la Palestine, on utilisait également le terme *haloutzim* pour désigner les membres qui espéraient émigrer dans le futur État d'Israël.

Hanoukkah [hébreu : inauguration, dédicace] Fête de huit jours que l'on célèbre en décembre pour marquer la victoire des Juifs sur les conquérants étrangers qui avaient profané le Temple de Jérusalem au IIe siècle avant notre ère. Traditionnellement, on marque chaque nuit de cette fête en allumant l'une des bougies d'un chandelier à huit branches, appelé *hanoukkiyyah*, pour commémorer la nouvelle dédicace du Temple et le miracle de sa lampe qui a brûlé huit jours sans huile.

Héder [hébreu ; littéralement : salle] École élémentaire juive orthodoxe, où l'on enseigne les fondements des pratiques juives et de l'étude des textes, ainsi que l'hébreu.

Hineni [hébreu ; littéralement : Me voici] Organisme et mouvement juifs fondés à New York en 1973 par la rabbanite Esther Jungreis et qui rayonnent aujourd'hui à l'échelle internationale. Auteure et conférencière d'une grand érudition, Esther Jungreis puise sa spiritualité dans la Torah et se donne pour but d'enseigner les valeurs du judaïsme aux Juifs.

Hoummash [hébreu ; littéralement : cinq] Le Pentateuque. Terme employé en référence aux cinq livres de Moïse (aussi appelés Torah) lorsqu'ils forment un codex – une présentation différente de celle en rouleaux que l'on désigne alors sous le nom de « rouleaux de la Torah ».

Judaïsme orthodoxe Ensemble des croyances et des pratiques de certains Juifs pour lesquels la stricte observance de la loi juive est intimement liée à la foi. Ce mouvement au sein du judaïsme se caractérise par une fidélité absolue aux prescriptions alimentaires, à l'interdiction de travailler le jour du shabbat et pendant les fêtes juives, ainsi qu'au port d'une tenue vestimentaire sobre.

Kasher [hébreu; littéralement: conforme] Propre à la consommation selon les règles alimentaires juives. Les Juifs pratiquants se conforment à un système de règles connu sous le nom de *kasherout* qui prescrit ce qui peut être mangé, comment préparer les aliments et comment abattre les animaux. La nourriture est kasher quand elle est jugée propre à la consommation selon ce système. Certains aliments sont interdits, dont les produits issus du porc et les fruits de mer.

Kasztner, Rezső [aussi orthographié Rudolf Kastner] (1906–1957) Dirigeant du *Vaadat Ezra ve'Hazalah* (le *Vaada*: Comité d'entraide et de secours) durant la Deuxième Guerre mondiale. Connu pour son rôle controversé dans les négociations avec Adolf Eichmann («des marchandises contre du sang») qui ont conduit à ce que l'on appelle désormais le «train Kasztner», soit le sauvetage de 1 684 Juifs hongrois, issus de tous les milieux sociaux, qui ont pu gagner la Suisse en 1944. Après la guerre, la contribution de Kasztner dans ces négociations a alimenté bien des débats: pour les uns, il est perçu comme un collaborateur puisqu'il a négocié avec les Allemands; pour les autres, c'est un héros qui a sauvé autant de vies qu'il le pouvait dans des circonstances très difficiles. Kasztner a été assassiné en Israël en 1957 après un procès hautement médiatisé, destiné à l'origine à le défendre contre des accusations portées contre lui, mais qui s'est transformé en examen moral et politisé des actes qu'il avait posés durant la guerre. Si Kasztner a été innocenté de la plupart des accusations en 1958, le premier verdict selon lequel il avait «vendu son âme au diable» continue de susciter la controverse.

Marche des Vivants Événement annuel instauré en 1988, qui a lieu en Pologne au mois d'avril, à l'occasion du Jour commémoratif de l'Holocauste (*Yom HaShoah*). Son but, à l'origine, était d'enseigner aux élèves et aux jeunes adultes juifs du monde entier l'histoire de l'Holocauste et ce qu'être juif signifiait pendant la Deuxième Guerre mondiale. En compagnie de survivants du génocide, les participants parcourent les 3 kilomètres qui séparent Auschwitz de Birkenau, afin d'honorer la mémoire de tous ceux qui ont péri durant l'Holocauste. Le concept de la Marche des Vivants fait référence aux « marches de la mort » auxquelles les nazis ont contraint les prisonniers juifs quand ils ont été évacués des camps de travaux forcés et des camps de concentration à la fin de la guerre. Beaucoup de Juifs sont morts durant ces transferts, et la Marche des Vivants a donc été conçue pour marquer autant la continuité du souvenir qu'une forme de revanche sur l'Histoire, en célébrant la résilience et la force de résistance des Juifs. Après leur séjour en Pologne, les participants se rendent en Israël, où ils se joignent aux célébrations des Jours du Souvenir et de l'Indépendance.

Mauthausen Camp de concentration parmi les plus durs du système concentrationnaire nazi, situé à une vingtaine de kilomètres de la ville autrichienne de Linz. Créé peu après l'annexion de l'Autriche, ce camp a d'abord servi à emprisonner les opposants politiques au IIIᵉ Reich et les individus considérés comme « asociaux ». Il englobait 50 camps annexes établis dans les alentours et il est devenu le plus grand complexe de travaux forcés des territoires sous occupation allemande. On estime qu'entre le moment de sa création en 1938 et sa libération le 5 mai 1945 par l'armée américaine, près de 200 000 prisonniers y ont été soumis aux travaux forcés. Près de 120 000 d'entre eux – dont 38 120 Juifs – y ont trouvé la mort, victimes de sous-alimentation, de maladie ou d'épuisement. Mauthausen était classé « catégorie 3 » (ce qui correspondait au régime le plus dur) et fonctionnait de manière à anéantir les détenus par le travail, notamment dans la carrière de granit du Wiener Graben.

Mezouzah [hébreu ; littéralement : montant de la porte] Fragment de parchemin portant des versets de la Torah habituellement enfermés dans une boîte décorative qui est placée sur le chambranle de la porte des maisons des Juifs pratiquants.

Minyan [hébreu ; littéralement : nombre] Quorum nécessaire à la récitation de certaines prières. Il doit être composé de dix hommes juifs ayant atteint leur maturité religieuse. Le terme peut également désigner une congrégation.

Motsi [abréviation de *Ha-motsi* ; hébreu ; littéralement : qui extrait] Bénédictions sur le pain, récitées avant le repas.

Pâque juive [en anglais : *Passover ;* en hébreu : *Pessah̲*] L'une des principales fêtes du calendrier juif, qui se déroule pendant huit jours au printemps. Une des coutumes les plus importantes de cette célébration est la lecture du récit de l'Exode qui raconte la fuite des Juifs hors d'Égypte où ils étaient retenus en esclavage. Le récit en est fait lors du repas rituel de la Pâque, appelé *Séder.* Le mot anglais *Passover* fait allusion au fait que Dieu est «passé pardessus» («*passed over*») les maisons juives en y épargnant les premiers-nés, alors que les fils aînés des Égyptiens ont trouvé la mort. Cet épisode représente la dernière des dix plaies d'Égypte destinées à convaincre le pharaon Ramsès II de libérer les Israélites.

Parti des Croix fléchées [en hongrois : *Nyilaskeresztes PártHungarista Mozgalom* ; abréviation : *Nyilas*] Formation politique hongroise nationaliste et antisémite fondée par Ferenc Szálasi en 1935 sous le nom de « Parti de la volonté nationale ». Soutenue par l'Allemagne nazie, l'organisation, rebaptisée « Parti des Croix fléchées », a remporté 25 % des voix lors des élections hongroises de 1939. Interdit peu après le scrutin, le Parti des Croix fléchées a été légalisé de nouveau en mars 1944, au moment où l'Allemagne a envahi la Hongrie. Appuyé par les nazis, il a été proclamé parti unique par le Gouvernement d'unité nationale de Ferenc Szálasi, qui a dirigé la Hongrie du 15 octobre 1944 au mois de mars 1945. Ce régime a été particulièrement brutal à l'égard de la communauté juive – en plus des milliers de Juifs hongrois déportés dans les camps nazis alors que Miklós Horthy était au pouvoir, les Croix fléchées, pendant leur bref règne, en ont assassiné des dizaines de milliers d'autres. De décembre 1944 à janvier 1945, ils ont tué 20 000 Juifs, dont beaucoup avaient été entassés de force dans un ghetto scellé en décembre 1944.

Ravensbrück Le plus grand camp de concentration nazi réservé presque exclusivement aux femmes. Situé à environ 90 kilomètres au nord de Berlin, ce camp a été créé en mai 1939 sous la direction du SS Heinrich Himmler. Divers camps annexes destinés aux travaux forcés ont été construits à proximité tout au long de la guerre. À partir de 1942, le complexe est devenu l'un des principaux camps d'entraînement des gardiennes SS. Les SS y ont soumis les prisonnières à des expériences médicales, et au début de 1945, ils y ont construit une chambre à gaz, où 5 000 à 6 000 prisonnières ont été tuées. Plus de 100 000 femmes issues de tous les territoires européens occupés par les nazis sont passées par Ravensbrück avant sa libération par les Soviétiques les 29 et 30 avril 1945. On estime que 50 000 femmes ont trouvé la mort au camp de Ravensbrück.

Révolution hongroise de 1956 Révolte spontanée déclenchée en octobre 1956 contre le régime communiste hongrois que soutenaient les Soviétiques ; elle a mené au bref établissement d'un nouveau gouvernement réformiste dirigé par le premier ministre Imre Nagy. L'insurrection a été rapidement réprimée par l'invasion soviétique de novembre 1956 au cours de laquelle des milliers de civils ont été tués.

Shabbat [hébreu ; en yiddish : *shabbes, shabbos*] Jour de repos hebdomadaire qui, pour les Juifs, commence le vendredi au coucher du soleil et se termine le samedi à la tombée de la nuit. Il débute lorsque les bougies sont allumées le vendredi soir et que sont dites la bénédiction sur le vin (*qiddoush*), prononcée sur une coupe de vin, suivie de la bénédiction sur le pain (*Ha-motsi*), récitée sur deux miches de pain tressé aux œufs (*hallot*). Au cours de cette journée de fête et de prières, on a coutume de manger les trois repas du shabbat, d'assister aux services à la synagogue, de ne pas travailler et de ne pas voyager.

Shohet [hébreu ; pluriel : *shohetim* ; en yiddish : *shoyket ;* littéralement : abatteur] Personne responsable de l'abattage rituel. Homme qui connaît les règles religieuses de la *kasherout,* qui a appris à abattre les animaux en leur évitant de souffrir et à vérifier que la viande est kasher. *Voir aussi Kasher.*

Sionisme Mouvement et théorie politique fondés par le journaliste juif viennois Theodor Herzl, qui soutenait dans *Der Judenstaat* (L'État des Juifs), livre publié en 1896, que la meilleure façon de résoudre les problèmes de l'antisémitisme et de la persécution des Juifs d'Europe était de créer un État juif indépendant en terre d'Israël, patrie historique du peuple juif. Les sionistes prônaient l'hébreu comme langue nationale juive.

Société d'aide aux immigrants juifs [en anglais : *Hebrew Immigrant Aid Society* ; acronyme : HIAS] Organisme fondé en 1881 à New York qui continue aujourd'hui de fournir de l'aide (juridique et financière notamment) aux immigrants juifs partout dans le monde. À partir du début des années 1970, la HIAS a été particulièrement active auprès des Juifs souhaitant quitter l'URSS.

SS [abréviation de *Schutzstaffel* ; allemand : escouade de protection] Groupe paramilitaire créé en 1925, initialement chargé de la protection personnelle d'Adolf Hitler et des dirigeants du parti nazi. Placés sous les ordres d'Heinrich Himmler, les SS sont devenus un corps d'élite dont les membres, sélectionnés sur des critères raciaux, ont pris le contrôle de toutes les forces de police allemandes. L'organisation était composée de l'*Allgemeine-SS* (SS générale) et de la *Waffen-SS* (unités militaires armées qui comprenaient des volontaires issus des pays occupés). La SS générale s'occupait essentiellement d'organiser et de faire appliquer la politique raciale nazie en Allemagne et dans les pays occupés. Sa force principale était le *Reichssicherheitshauptamt* (RSHA, Service central de sécurité du Reich), organisation qui englobait la Gestapo (Geheime Staatspolizei). Les SS dirigeaient les camps de concentration et les camps de la mort, ainsi que les entreprises économiques qui leur étaient associées. Le nombre de leurs membres est passé de 280 en 1929 à 50 000 lorsque les nazis sont arrivés au pouvoir en 1933, pour atteindre 250 000 à l'aube de la Deuxième Guerre mondiale.

Terezín [tchèque; allemand: Theresienstadt] Ville fortifiée de la République tchèque, située à 60 kilomètres au nord de Prague, qui a servi de camp de transit de 1941 à 1945. Du 24 novembre 1941 au 30 mars 1945, 73 468 Juifs du Protectorat allemand de Bohême-Moravie et du reste du Grand Reich allemand (qui comprenait l'Autriche et une partie de la Pologne) ont été déportés à Terezín, pour la plupart en 1942. Terezín a aussi été le lieu de détention des Juifs « en vue », parmi lesquels figuraient d'anciens combattants décorés, des artistes, des musiciens. Plus de 60 000 personnes ont été déportées vers Auschwitz ou vers d'autres camps de la mort. Terezín était présenté comme un ghetto « modèle » à des fins de propagande, notamment pour démontrer aux délégués de la Croix-Rouge internationale et aux autres organisations humanitaires que les Juifs étaient « traités avec humanité », afin de contrer les informations parvenant aux Alliés sur les atrocités nazies et les massacres de masse. Le camp de Terezín a été libéré par l'Armée rouge le 8 mai 1945.

Torah [hébreu] Les cinq Livres de Moïse (cinq premiers livres de la Bible), que l'on appelle aussi Pentateuque. La Torah constitue le noyau des Saintes Écritures juives et, d'après la tradition, elle aurait été révélée à Moïse sur le mont Sinaï. Chez les chrétiens, la Torah correspond à l'Ancien Testament.

Tsiganes Peuple nomade parlant le romani, une langue indo-européenne. Pendant l'Holocauste (ou *Porajmos,* un terme romani signifiant littéralement « dévorer »), les Tsiganes ont été déchus de leurs nationalités en vertu des lois de Nuremberg et condamnés par la politique raciale d'Hitler à être assassinés. Le nombre de Tsiganes qui ont péri durant la Deuxième Guerre mondiale est difficile à estimer en raison du manque de documentation ; selon les sources, ce nombre varie de 200 000 à 1 000 000.

Ville libre royale Statut accordé à certaines grandes villes du royaume de Hongrie à partir du xvᵉ siècle et jusqu'au début du xxᵉ siècle. Le terme évoquait tout à la fois l'autonomie relative que la ville se voyait octroyer et ses liens avec la noblesse.

Wallenberg, Raoul (1912–1947) Diplomate suédois envoyé en Hongrie en juin 1944 par le *War Refugee Board* (Conseil américain des réfugiés de guerre). Il a réussi à sauver des dizaines de milliers de Juifs de Budapest en leur procurant des certificats de protection suédois. Le gouvernement de son pays a également autorisé Wallenberg à mettre en place 30 lieux sûrs (des « maisons suédoises » où les Juifs de Budapest pouvaient trouver refuge), à distribuer des vivres et à fournir une assistance médicale ainsi que des soins aux enfants. C'est grâce à ses efforts qu'un peu plus de 100 000 Juifs ont survécu à l'Holocauste à Budapest (où la population juive s'élevait à 247 000 avant la guerre). Raoul Wallenberg a été reconnu par Yad Vashem comme « Juste parmi les nations » à titre posthume en 1986, et sa mémoire est honorée par des monuments ou des sites commémoratifs dans une dizaine d'autres pays.

Yiddish Langue dérivée du moyen haut-allemand, comportant des éléments d'hébreu, d'araméen, de roman et de langues slaves, et qui s'écrit en caractères hébraïques. Parlé par les Juifs d'Europe de l'Est pendant près d'un millénaire (du xᵉ siècle jusqu'au milieu du xxᵉ siècle), le yiddish était toujours la principale langue véhiculaire des Juifs européens au début de la Deuxième Guerre mondiale. Le yiddish et l'allemand contemporain présentent des similitudes.

Zones alliées en Allemagne Après la capitulation de l'Allemagne à la fin de la Deuxième Guerre mondiale, le pays est partagé en quatre zones d'occupation indépendantes qui sont respectivement administrées par chacune des quatre grandes puissances alliées : les États-Unis, la Grande-Bretagne, la France et l'Union soviétique. Ces zones administratives ont existé de 1945 à 1949.

Photographies : Leslie Meisels

1 Leslie Meisels, âgé d'un an et demi. Nádudvar, 1928.

2 Leslie, âgé de 3 ans, 1930.

3 Les frères Meisels en 1938. De gauche à droite : George, Leslie et Frank.

4 La seule photo que possède Leslie de sa grand-mère paternelle, prise avant la guerre lors d'une visite à la famille élargie. À l'arrière-plan, de gauche à droite : la grand-tante de Leslie, Emma ; son frère Frank ; Leslie ; et sa cousine Magda. À l'avant-plan, de gauche à droite : la grand-mère de Leslie ; son cousin Pista ; et la grand-tante de Leslie, Juliska.

1   2

3

1 et 2 Documents d'identité de Leslie, délivrés par l'armée américaine après sa
libération. Hillersleben, juin 1945.

3   La famille Meisels dans leur jardin peu de temps après leurs retrouvailles. À
l'arrière-plan, de gauche à droite : Frank, Leslie et George. Assis à l'avant-plan :
Etelka et Lajos Meisels. Nádudvar, 1945.

1

2

3

1 Leslie, âgé de 21 ans. 1948.
2 Leslie en Autriche, alors qu'il attend son visa pour les États-Unis. 1958.
3 Les frères Meisels, vers 1955. De gauche à droite : Frank, George et Leslie.

1

2

1 Leslie et Eva (née Silber), avec leurs parents respectifs, célébrant les fiançailles du couple. De gauche à droite : la mère de Leslie, Etelka ; son père, Lajos ; Eva ; Leslie ; et les parents d'Eva, Irene et Erno Sugar. Novembre 1960.

2 Photo de fiançailles de Leslie et Eva. 26 novembre 1960.

Mariage de Leslie et Eva. Mai 1961.

1 Les filles de Leslie et Eva Meisels, Judy (à gauche) et Edith. Toronto, 1970.
2 La famille Meisels devant leur maison à Toronto en 1988. De gauche à droite :
Judy, Eva, Leslie et Edith.

1

2

1 Frank (à gauche) avec Leslie, à l'occasion du mariage de Judy. 29 août 2004.

2 Le jour où Edith a reçu son diplôme en droit. De gauche à droite : le père d'Eva,
Erno ; Edith, Leslie, Eva et Judy. 1991.

1

2

1   Leslie et Eva célébrant le jour de la Fête des mères avec leurs enfants et petits-
    enfants. À l'arrière-plan, de gauche à droite : le mari de Judy, Stuart Levson ; le
    mari d'Edith, Philip Dover ; Edith ; et Leslie. À l'avant-plan, de gauche à droite :
    Judy et son fils Jordan ; la fille d'Edith, Jessica ; Eva ; et la fille d'Edith, Rachel.
    Toronto, 2005.

2   Leslie et Eva à l'occasion de leur cinquantième anniversaire de mariage, lors
    d'une fête organisée par leurs enfants. À l'arrière-plan, de gauche à droite : Jessi-
    ca (leur petite-fille), Edith, Philip, Jordan (leur petit-fils), Judy, Stuart et Jaimee
    (leur petite-fille). À l'avant-plan : Eva, Leslie et Rachel (leur petite-fille). Mai
    2011.

Leslie et son petit-fils Jordan. Décembre 2006.

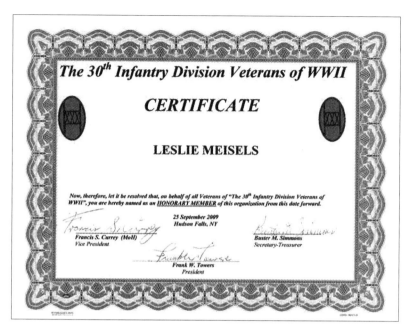

The 30ᵗʰ Infantry Division Veterans of WWII

CERTIFICATE

LESLIE MEISELS

Now, therefore, let it be resolved that, on behalf of all Veterans of "The 30ᵗʰ Infantry Division Veterans of WWII", you are hereby named as an HONORARY MEMBER of this organization from this date forward.

25 September 2009
Hudson Falls, NY

Francis S. Currey (MoH)
Vice President

Buster M. Simmons
Secretary-Treasurer

Frank W. Towers
President

Certificat remis à Leslie Meisels lorsqu'il a été fait membre honoraire de l'Association des vétérans de la 30ᵉ division d'infanterie de l'armée américaine, après ses retrouvailles avec ses libérateurs. Hudson Falls, État de New York, 2009.

Ontario

PREMIER OF ONTARIO
PREMIER MINISTRE DE L'ONTARIO

In recognition and appreciation of

LESLIE MEISELS

Holocaust Survivor

April 26, 2010

*On behalf of the Government of Ontario, I am honoured
to join Ontarians provincewide in paying solemn tribute to you for
your profound courage, strength and determination.*

*Few can fully comprehend the unspeakable suffering,
cruelty and inhumanity that you and your fellow Holocaust
survivors witnessed and endured.*

*Yours is a remarkable story, one that serves as a
compelling reminder of our obligation — as a society and as
individuals — to learn from the lessons of our history, to be vigilant against all
forms of hatred and intolerance, and to embrace inclusiveness and
diversity — in the laws of our land and in our hearts.*

*You are a role model, a hero, a true survivor.
Please accept my personal best wishes.*

Dalton McGuinty
Premier

Certificat de reconnaissance remis à Leslie Meisels par le gouvernement de l'Ontario et la Société canadienne pour Yad Vashem, afin de souligner ses nombreuses réalisations et sa contribution à l'enseignement de l'Holocauste.

1

2

1 Leslie Meisels (deuxième à partir de la gauche) photographié en compagnie du Premier ministre de l'Ontario, Dalton McGuinty (à l'extrême gauche), ainsi que des députés Eric Hoskins et Monte Kwinter (à droite). Toronto, 26 avril 2010.

2 Edith, en Hongrie, devant la maison où Leslie a grandi. Nádudvar, 1991.

Photographies : Eva Meisels

1 Juliska et Adolf, les grands-parents maternels d'Eva. Date inconnue.
2 Photo de mariage des parents d'Eva, Erno et Irene Silber. Budapest, 14 août 1938.
3 Grands-parents paternels d'Eva. Date inconnue.

1   2

3   4

1 La famille Silber devant l'immeuble où se trouvait leur appartement, vers 1940.

2 Eva, âgée d'un an. Budapest, 1940.

3 Eva, âgée de 3 ans environ.

4 Eva, âgée de 4 ans, 1943.

1

2

3

4

1 Eva en visite dans la famille de sa mère à Ibrány avant l'occupation. À l'arrière-plan, de gauche à droite : la tante d'Eva, Elisabeth ; son oncle Ben (Bela) ; sa mère, Irene ; sa tante, Jolan ; son oncle Leonard (Lajos) et sa tante Olga. Au deuxième rang : Eva et ses grands-parents. À l'avant-plan, les trois plus jeunes frères et sœur de sa mère. 1942.

2 Fête organisée à l'occasion de _Hanoukkah_ pour les élèves de la maternelle que fréquentait Eva. Eva, au premier rang (avec un nœud dans les cheveux), est assise à côté des camarades qui se sont retrouvées avec elle dans l'abri antiaérien durant la bataille de Budapest. 1943.

3 Le père d'Eva, Erno (à l'arrière-plan, à l'extrême droite), et d'autres membres d'une unité de travailleurs forcés.

4 Erno Silber, vers 1942.

1   La famille Silber à l'occasion du mariage de la tante d'Eva, Olga, après la guerre. À l'arrière-plan, de gauche à droite : les parents d'Eva, Irene et Erno ; sa tante Olga ; son oncle Josef ; et sa grand-mère paternelle, Margaret. À l'avant-plan, assis : son oncle Alex (Sanyi) et sa femme, Eta, avec leur fils aîné, Zoli, et Eva. Budapest, 1948.

2   Eva et ses parents après la guerre. Budapest, 1950.

3   La grand-mère d'Eva, Margaret, qui a survécu à Auschwitz. Montréal, vers 1957.

4   Eva, âgée de 16 ans.

1 Eva et ses parents peu après leur immigration au Canada. Montréal, 1957.

2 Eva et Leslie le jour de leur mariage, photographiés en compagnie de membres de la famille maternelle d'Eva. Montréal, 1961.

3 La mère d'Eva, Irene (assise), avec ses quatre frères et sœurs qui ont survécu à la guerre. De gauche à droite : Bözsi, Leonard, Ben et Olga.

4 Eva et son père, Erno Sugar, à l'occasion du 80ᵉ anniversaire de naissance de ce dernier. Toronto, 1993.

Index

La mission de la Fondation Azrieli est d'apporter son soutien à de nombreuses initiatives dans le domaine de l'éducation et de la recherche. La Fondation Azrieli prend une part active à des programmes relevant du domaine des études en pédagogie, des études d'architecture, de la recherche scientifique et médicale et des études artistiques. Parmi les initiatives de la Fondation figurent le Programme des mémoires de survivants de l'Holocauste, qui rassemble, archive et publie les mémoires de survivants canadiens, l'*Azrieli Institute for Educational Empowerment*, un programme innovateur qui apporte un soutien aux adolescents à risques et les aide à rester en milieu scolaire ; l'*Azrieli Fellows Program*, un programme de bourses d'excellence pour les second et troisième cycles des universités israéliennes ; l'*Azrieli Music Project* qui valorise et encourage la création de nouvelles compositions de musique orchestrale juive, ainsi que l'*Azrieli Neurodevelopmental Research Program* qui appuie la recherche de haut niveau en matière de troubles du neurodéveloppement, en particulier le syndrome du X fragile et les troubles du spectre de l'autisme.